Édition bilingue
ESPAGNOL-FRANÇAIS
avec lecture audio intégrée

Pour écouter la lecture de ce livre
dans sa version espagnole ou dans sa traduction française
scannez le code en début de chapitre
avec votre téléphone portable, tablette
ou encore votre webcam depuis le site HTTPS://WEBQR.COM

Nouvelle
Littérature espagnole

Titre original :
RINCONETE Y CORTADILLO

Traduction française :
Louis Viardot

Lecture en espagnol :
Tomás Uribe Xifra

Lecture en français :
Christine Sétrin

ISBN : 978-2-37808-032-7
© L'Accolade Éditions, 2018

MIGUEL
DE CERVANTES SAAVEDRA

RINCONETE &
CORTADILLO

ACCOLADE
Éditions

En la venta del Molinillo, que está puesta en los fines de los famosos campos de Alcudia, como vamos de Castilla a la Andalucía, un día de los calurosos del verano, se hallaron en ella acaso dos muchachos de hasta edad de catorce a quince años: el uno ni el otro no pasaban de diez y siete; ambos de buena gracia, pero muy descosidos, rotos y maltratados; capa, no la tenían; los calzones eran de lienzo y las medias de carne. Bien es verdad que lo enmendaban los zapatos, porque los del uno eran alpargates, tan traídos como llevados, y los del otro picados y sin suelas, de manera que más le servían de cormas que de zapatos. Traía el uno montera verde de cazador, el otro un sombrero sin toquilla, bajo de copa y ancho de falda. A la espalda y ceñida por los pechos, traía el uno una camisa de color de camuza, encerrada y recogida toda en una manga; el otro venía escueto y sin alforjas, puesto que en el seno se le parecía un gran

$\mathcal{U}$n jour des plus chauds de l'été, se rencontrèrent par hasard à l'hôtellerie du Molinillo, qui est au bout de la fameuse plaine d'Alcudia, quand nous allons de la Castille à L'Andalousie, deux jeunes garçons de quatorze à quinze ans. Ni l'un ni l'autre n'en avait plus de dix-sept ; tous deux de bonne mine, mais décousus, déchirés, en guenilles. De manteaux, ils n'en avaient pas ; leurs culottes étaient en toile et leurs bas en chair. Il est vrai que les écoliers relevaient leur toilette, car ceux de l'un étaient des sandales de corde[1] aussi usées que traînées, et ceux de l'autre sans semelles, de manière qu'ils lui servaient plutôt d'entraves que de souliers. L'un avait sur sa tête une *montera*[2] verte de chasseur ; l'autre, un chapeau sans ganse, bas de forme et large d'ailes. L'un portait sur le dos, et rattachée devant la poitrine, une chemise couleur de peau de chamois, toute roulée dans une manche ; l'autre avait les épaules libres et sans bissac ; mais on lui voyait sur l'estomac un énorme

---

1. Appelées *alpargates*.

2. Espèce de casquette sans visière.

bulto, que, a lo que después pareció, era un cuello de los que llaman valones, almidonado con grasa, y tan deshilado de roto, que todo parecía hilachas. Venían en él envueltos y guardados unos naipes de figura ovada, porque de ejercitarlos se les habían gastado las puntas, y porque durasen más se las cercenaron y los dejaron de aquel talle. Estaban los dos quemados del sol, las uñas caireladas y las manos no muy limpias; el uno tenía una media espada, y el otro un cuchillo de cachas amarillas, que los suelen llamar vaqueros.

Saliéronse los dos a sestear en un portal, o cobertizo, que delante de la venta se hace; y, sentándose frontero el uno del otro, el que parecía de más edad dijo al más pequeño:

-¿De qué tierra es vuesa merced, señor gentilhombre, y para adónde bueno camina?

-Mi tierra, señor caballero -respondió el preguntado-, no la sé, ni para dónde camino, tampoco.

-Pues en verdad -dijo el mayor- que no parece vuesa merced del cielo, y que éste no es lugar para hacer su asiento en él; que por fuerza se ha de pasar adelante.

paquet que l'on sut depuis être un collet, de ceux qu'on appelle *wallonnes empesées*, lequel était empesé de graisse, et si effilé par les déchirures qu'il semblait un paquet de charpie. Dans ce collet était roulé et précieusement conservé un jeu de cartes de figure ovale, car, à force de servir, leurs coins s'étaient usés, et, pour les faire durer davantage, on les avait écorniflées et mises en cet état. Tous deux étaient brûlés du soleil, avec les ongles bordés de noir, et les mains peu nettes. L'un avait au côté un demi-estoc, l'autre tenait un couteau à manche de bois jaune, de ceux qu'on appelle *couteaux de vachers*.

Ces deux gaillards vinrent passer la sieste sous le porche ou auvent qu'il y a d'habitude à l'entrée d'une hôtellerie, et s'étant assis en face l'un de l'autre, celui qui semblait le plus âgé dit au plus jeune :

— De quelle terre[1] est votre grâce, seigneur gentilhomme, et de quel côté portez-vous vos pas ?

— Ma terre, seigneur chevalier, répondit l'interrogé, je ne la connais point, ni pas davantage en quel lieu je me dirige.

— Eh bien ! par ma foi, reprit l'aîné, votre grâce ne me semble pas venir du ciel, et comme cet endroit-ci n'est pas fait pour qu'on s'y fixe, il faut à toute force que vous alliez ailleurs.

---

1. Expression espagnole, pour dire de quel pays.

-Así es -respondió el mediano-, pero yo he dicho verdad en lo que he dicho, porque mi tierra no es mía, pues no tengo en ella más de un padre que no me tiene por hijo y una madrastra que me trata como alnado; el camino que llevo es a la ventura, y allí le daría fin donde hallase quien me diese lo necesario para pasar esta miserable vida.

-Y ¿sabe vuesa merced algún oficio? -preguntó el grande.

Y el menor respondió:

-No sé otro sino que corro como una liebre, y salto como un gamo y corto de tijera muy delicadamente.

-Todo eso es muy bueno, útil y provechoso -dijo el grande-, porque habrá sacristán que le dé a vuesa merced la ofrenda de Todos Santos, porque para el Jueves Santo le corte florones de papel para el monumento.

-No es mi corte desa manera -respondió el menor-, sino que mi padre, por la misericordia del cielo, es sastre y calcetero, y me enseñó a cortar antiparas, que, como vuesa merced bien sabe, son medias calzas con avampiés, que por su propio nombre se suelen llamar polainas; y córtolas tan bien,

— Cela est vrai, répliqua le cadet, et pourtant j'ai dit la vérité en tout ce que j'ai dis. En effet, mon pays n'est plus le mien, puisque je n'y ai plus qu'un père qui ne me regarde pas comme son enfant, et une belle-mère qui me traite en beau-fils. Quant à mon chemin, je vais à l'aventure, et je m'arrêterai où je trouverai quelqu'un qui me donne de quoi passer cette misérable vie.

— Est-ce que votre grâce sait quelque métier ? demanda le plus grand.

— Je n'en sais autre, répondit le plus petit, sinon que je cours comme un lièvre, que je saute comme une chèvre, et que je découpe au ciseau fort délicatement.

— Tout cela est très bon, très utile et très avantageux, reprit le grand, car il se trouvera bien un sacristain qui donnera à votre grâce le pain d'offrande de la Toussaint pour qu'au jeudi de la semaine sainte vous lui découpiez des fleurons de papier pour le *Monument*[1].

— Ce n'est pas ainsi que je découpe, répliqua le petit ; mon père, par la miséricorde du Ciel, est tailleur et chaussetier ; il m'a appris à découper de ces sortes de guêtres qui couvrent le devant de la jambe et l'avant-pied, et qu'on appelle de leur nom propre *polaïnas*. Je les coupe si bien,

---

1. On appelle ainsi une espèce de théâtre élevé dans l'église, où l'on représente la Passion pendant la semaine sainte.

que en verdad que me podría examinar de maestro, sino que la corta suerte me tiene arrinconado.

-Todo eso y más acontece por los buenos -respondió el grande-, y siempre he oído decir que las buenas habilidades son las más perdidas, pero aún edad tiene vuesa merced para enmendar su ventura. Mas, si yo no me engaño y el ojo no me miente, otras gracias tiene vuesa merced secretas, y no las quiere manifestar.

-Sí tengo -respondió el pequeño-, pero no son para en público, como vuesa merced ha muy bien apuntado.

A lo cual replicó el grande:

-Pues yo le sé decir que soy uno de los más secretos mozos que en gran parte se puedan hallar; y, para obligar a vuesa merced que descubra su pecho y descanse conmigo, le quiero obligar con descubrirle el mío primero; porque imagino que no sin misterio nos ha juntado aquí la suerte, y pienso que habemos de ser, déste hasta el último día de nuestra vida, verdaderos amigos. Yo, señor hidalgo, soy natural de la Fuenfrida, lugar conocido y famoso por los ilustres pasajeros que por él de contino pasan; mi nombre es Pedro del Rincón; mi padre es persona de calidad,

que je pourrais, en toute vérité, me faire examiner pour la maîtrise, si ma méchante étoile ne me laissait méconnu dans un coin.

— Tout cela, et plus encore, arrive aux gens capables, répondit le grand, et j'ai toujours ouï-dire que les beaux talents sont le plus tôt perdus. Mais votre grâce est d'âge à corriger sa mauvaise fortune. Toutefois, si je ne me trompe, et si votre œil ne ment pas, votre grâce a d'autres qualités secrètes, qu'elle ne veut pas déclarer.

— Oui, j'en ai, répliqua le petit ; mais elles ne sont pas de nature à se révéler publiquement, comme votre grâce l'a parfaitement observé.

— Eh bien ! repartit le grand, je puis vous assurer que je suis un des garçons les plus discrets qui se puissent trouver loin à la ronde. Pour obliger votre grâce à m'ouvrir son cœur, et à s'en reposer sur moi, je veux d'abord lui ouvrir le mien ; j'imagine, en effet, que ce n'est pas sans mystère que le sort nous a réunis en cet endroit, et je pense que nous devons être amis intimes, depuis ce jour jusqu'au dernier de notre vie. Moi, seigneur Hidalgo, je suis natif de la Fuenfrida, lieu fort connu, et célèbre par les illustres voyageurs qui le traversent continuellement. Mon nom est Pedro del Rincon[1] ; mon père est homme de qualité,

---

1. *Rincon* veut dire *coin, lieu obscur et caché.*

porque es ministro de la Santa Cruzada: quiero decir que es bulero, o buldero, como los llama el vulgo. Algunos días le acompañé en el oficio, y le aprendí de manera, que no daría ventaja en echar las bulas al que más presumiese en ello. Pero, habiéndome un día aficionado más al dinero de las bulas que a las mismas bulas, me abracé con un talego y di conmigo y con él en Madrid, donde con las comodidades que allí de ordinario se ofrecen, en pocos días saqué las entrañas al talego y le dejé con más dobleces que pañizuelo de desposado. Vino el que tenía a cargo el dinero tras mí, prendiéronme, tuve poco favor, aunque, viendo aquellos señores mi poca edad, se contentaron con que me arrimasen al aldabilla y me mosqueasen las espaldas por un rato, y con que saliese desterrado por cuatro años de la Corte. Tuve paciencia, encogí los hombros, sufrí la tanda y mosqueo, y salí a cumplir mi destierro, con tanta priesa, que no tuve lugar de buscar cabalgaduras. Tomé de mis alhajas las que pude y las que me parecieron más necesarias, y entre ellas saqué estos naipes

puisqu'il est ministre de la sainte-croisade, je veux dire qu'il est *buldero*, ou colporteur de bulles, comme dit le vulgaire[1]. Je le servis quelque temps dans le métier, et fis si bien le compère que je ne m'en laisserais pas revendre, pour débiter des bulles, à celui qui se piquerait de mieux s'en tirer. Mais un jour, ayant pris goût à l'argent des bulles plus qu'aux bulles elles-mêmes, je pris un sac d'écus dans mes bras, et tombai, toujours le portant, au beau milieu de Madrid. Là, avec les facilités qu'on y trouve d'ordinaire, en peu de jours je tirai les entrailles du ventre de mon sac, et le laissai plié en plus de doubles qu'un mouchoir de nouveau marié. Celui qui était chargé de l'argent courut après moi ; on m'arrêta, je ne trouvai pas grande faveur ; cependant, voyant mon jeune âge, ces messieurs se contentèrent de me faire approcher du poteau, puis émoucher quelque peu les épaules, et de m'exiler pour quatre ans de la capitale. Je pris patience, je pliai les reins pour recevoir la volée correctionnelle, et me hâtai tellement d'exécuter la sentence d'exil, que je n'eus pas le temps de chercher une monture. J'ai pris de mes nippes ce que j'en pouvais emporter, et ce qui me parut le plus nécessaire, entre autres ces cartes

---

1. Sous prétexte qu'ils sout toujours en guerre avec les infidèles, les rois d'Espagne font vendre des *bulles de la croisade* (*bulas de la cruzada*), auxquelles sont attachées certaines indulgences. Dans l'origine, le produit de ces bulles était affecté aux dépenses de la guerre contre les Mores ; depuis la prise de Grenade, il se partage entre l'Église et l'État. Ces bulles sont colportées dans les villages par des commissaires appelés *bulderos*.

-y a este tiempo descubrió los que se han dicho, que en el cuello traía-, con los cuales he ganado mi vida por los mesones y ventas que hay desde Madrid aquí, jugando a la veintiuna;» y, aunque vuesa merced los vee tan astrosos y maltratados, usan de una maravillosa virtud con quien los entiende, que no alzará que no quede un as debajo. Y si vuesa merced es versado en este juego, verá cuánta ventaja lleva el que sabe que tiene cierto un as a la primera carta, que le puede servir de un punto y de once; que con esta ventaja, siendo la veintiuna envidada, el dinero se queda en casa. Fuera desto, aprendí de un cocinero de un cierto embajador ciertas tretas de quínolas y del parar, a quien también llaman el andaboba; que, así como vuesa merced se puede examinar en el corte de sus antiparas, así puedo yo ser maestro en la ciencia vilhanesca. Con esto voy seguro de no morir de hambre, porque, aunque llegue a un cortijo, hay quien quiera pasar tiempo jugando un rato. Y desto hemos de hacer luego la experiencia los dos: armemos la red, y veamos si cae algún pájaro destos arrieros que aquí hay; quiero decir que jugaremos los dos a la veintiuna, como si fuese de veras; que si alguno quisiere ser tercero, él será el primero que deje la pecunia.

(en même temps il montra celles qu'on a dit qu'il portait dans son collet), avec lesquelles, en jouant au vingt-et-un, j'ai gagné ma vie, par les hôtelleries et les auberges qu'on trouve de Madrid jusqu'ici. Bien que votre grâce les voie si sales et si maltraitées, elles ont, pour celui qui sait s'en servir, une vertu merveilleuse : c'est qu'on ne coupe pas sans laisser un as par-dessous. Si votre grâce est versée dans la connaissance de ce jeu, vous verrez quel avantage c'est de savoir qu'on a sûrement un as pour la première carte, lequel peut servir tantôt d'un point, tantôt de onze. Avec cet avantage, quand le vingt-et-un est engagé, l'argent reste à la maison. Outre cela, j'ai appris du cuisinier d'un certain ambassadeur certains tours de quinela et de lansquenet, et, de même que votre grâce peut être examinée pour la coupe de ses guêtres, moi je puis me faire recevoir maître dans la science académique. Avec cela, je suis sûr de ne pas mourir de faim, car je n'arriverais qu'à une ferme isolée qu'il se trouverait bien quelqu'un pour passer un moment a jouer. Nous n'avons qu'à en faire nous deux l'expérience. Tendons le filet, et voyons s'il n'y tombera pas quelque oiseau, des muletiers qui sont ici ; je veux dire que nous jouions ensemble au vingt-et-un, comme si c'était tout de bon ; et si quelqu'un veut faire le troisième, il sera le premier à laisser la pécune.

-Sea en buen hora -dijo el otro-, y en merced muy grande tengo la que vuesa merced me ha hecho en darme cuenta de su vida, con que me ha obligado a que yo no le encubra la mía, que, diciéndola más breve, es ésta: yo nací en el piadoso lugar puesto entre Salamanca y Medina del Campo; mi padre es sastre, enseñóme su oficio, y de corte de tisera, con mi buen ingenio, salté a cortar bolsas. Enfadóme la vida estrecha del aldea y el desamorado trato de mi madrastra. Dejé mi pueblo, vine a Toledo a ejercitar mi oficio, y en él he hecho maravillas; porque no pende relicario de toca ni hay faldriquera tan escondida que mis dedos no visiten ni mis tiseras no corten, aunque le estén guardando con ojos de Argos. Y, en cuatro meses que estuve en aquella ciudad, nunca fui cogido entre puertas, ni sobresaltado ni corrido de corchetes, ni soplado de ningún cañuto. Bien es verdad que habrá ocho días que una espía doble dio noticia de mi habilidad al Corregidor, el cual, aficionado a mis buenas partes, quisiera verme; mas yo, que, por ser humilde, no quiero tratar con personas tan graves, procuré de no verme con él, y así, salí de la ciudad con tanta priesa, que no tuve lugar de acomodarme de cabalgaduras ni blancas, ni de algún coche de retorno, o por lo menos de un carro.

— Très volontiers, dit l'autre aussitôt ; et je tiens à grande faveur celle que votre grâce m'a faite en me racontant sa vie. Vous m'avez obligé à ne pas vous cacher la mienne, et, pour la dire en peu de mots, la voici : Je suis né à Pedroso, village situé entre Salamanque et Medina del Campo. Mon père est tailleur ; il m'apprit son métier, et de la coupe au ciseau, mon bon naturel aidant, je vins à couper les bourses. La vie mesquine du village m'ennuya, ainsi que les mauvais traitements de ma belle-mère. Je quittai le pays et vins à Tolède exercer mon état, où j'ai fait des merveilles, car il n'y a ni reliquaire pendu aux coiffes, ni poches si bien cachées que mes doigts ne visitent et que mes ciseaux ne coupent, les gardât-on avec des yeux d'Argus. En quatre mois que je restai dans cette ville, je ne fus ni pris entre deux portes, ni réveillé en sursaut, ni poursuivi de recors, ni dépisté de mouchards. À la vérité, il y a huit jours qu'un espion double[1] fit part de mon habileté au corrégidor, lequel, enchanté de mes petits talents, aurait désiré me voir en personne. Mais moi, qui suis trop humble pour vouloir fréquenter de si graves personnages, je tâchai de ne pas le rencontrer, et pour cela, je sortis de la ville si précipitamment que je n'eus pas le temps de m'accommoder d'une monture, ni d'un carrosse de retour, ni même d'une charrette.

---

1. Alguazil qui sert la justice et prévient les voleurs.

-Eso se borre -dijo Rincón-; y, pues ya nos conocemos, no hay para qué aquesas grandezas ni altiveces: confesemos llanamente que no teníamos blanca, ni aun zapatos.

-Sea así -respondió Diego Cortado, que así dijo el menor que se llamaba-; y, pues nuestra amistad, como vuesa merced, señor Rincón, ha dicho, ha de ser perpetua, comencémosla con santas y loables ceremonias.

Y, levantándose, Diego Cortado abrazó a Rincón y Rincón a él tierna y estrechamente, y luego se pusieron los dos a jugar a la veintiuna con los ya referidos naipes, limpios de polvo y de paja, mas no de grasa y malicia; y, a pocas manos, alzaba tan bien por el as Cortado como Rincón, su maestro.

Salió en esto un arriero a refrescarse al portal, y pidió que quería hacer tercio. Acogiéronle de buena gana, y en menos de media hora le ganaron doce reales y veinte y dos maravedís, que fue darle doce lanzadas y veinte y dos mil pesadumbres. Y, creyendo el arriero que por ser muchachos no se lo defenderían,

— Effacez cela, reprit Rincon, et puisque nous nous connaissons déjà, il est fort inutile de faire les fiers. Confessons tout bonnement que nous n'avons ni sou ni maille, et pas même de souliers.

— J'y consens, répondit Diego Cortado[1] (ainsi dit s'appeler le plus jeune), et puisque notre amitié, comme l'a très bien dit votre grâce, seigneur Rincon, doit être éternelle, commençons à la consacrer par de saintes cérémonies.

Alors, se levant tous deux, Cortado embrassa Rincon, et Rincon Cortado avec tendresse et effusion ; puis, ils se mirent à jouer au vingt-et-un, avec les cartes ci-dessus dépeintes, quittes de droits de gabelle[2] mais non de graisse et de malice, et au bout de quelques parties, Cortado tournait aussi bien l'as que son maître Rincon.

En ce moment, un muletier se mit sur la porte pour prendre le frais, et leur demanda de jouer en troisième. Ils accueillirent très volontiers sa proposition, et en moins d'une demi-heure, ils lui gagnèrent douze réaux et vingt-deux maravédis. C'était comme s'ils lui eussent donné douze coups de lance à travers le corps, et vingt-deux mille désespoirs. Le muletier croyant, à les voir si jeunes, qu'ils ne sauraient pas bien le défendre,

---

1. Cortado, nom dérivé de *cortar*, couper.

2. L'expression espagnole, pour dire *quitte de tout droit*, est *net de poussière et de paille*.

quiso quitalles el dinero; mas ellos, poniendo el uno mano a su media espada y el otro al de las cachas amarillas, le dieron tanto que hacer, que, a no salir sus compañeros, sin duda lo pasara mal.

A esta sazón, pasaron acaso por el camino una tropa de caminantes a caballo, que iban a sestear a la venta del Alcalde, que está media legua más adelante, los cuales, viendo la pendencia del arriero con los dos muchachos, los apaciguaron y les dijeron que si acaso iban a Sevilla, que se viniesen con ellos.

-Allá vamos -dijo Rincón-, y serviremos a vuesas mercedes en todo cuanto nos mandaren.

Y, sin más detenerse, saltaron delante de las mulas y se fueron con ellos, dejando al arriero agraviado y enojado, y a la ventera admirada de la buena crianza de los pícaros, que les había estado oyendo su plática sin que ellos advirtiesen en ello. Y, cuando dijo al arriero que les había oído decir que los naipes que traían eran falsos, se pelaba las barbas, y quisiera ir a la venta tras ellos a cobrar su hacienda,

voulut leur reprendre son argent ; mais les deux gaillards, mettant à la main, l'un son demi-estoc, l'autre son couteau à manche de bois, lui donnèrent si fort à faire, que le muletier, si ses compagnons ne fussent venus au bruit, eût passé un mauvais quart d'heure.

Au même instant, passait par hasard sur le chemin une troupe de voyageurs à cheval, lesquels allaient faire la sieste à l'hôtellerie de l'Alcalde, qui est à une demi-lieue plus loin. Ceux-ci, voyant la bataille du muletier contre les deux petits garçons, les séparèrent, et dirent aux derniers que si, par hasard, ils allaient à Séville, ils n'avaient qu'à s'en venir avec eux.

« Nous y allons justement, dit Rincon, et nous servirons vos grâces en tout ce qu'il leur plaira de nous commander. »

Puis, sans plus d'hésitation, ils se mirent à sauter devant les mules, et s'en allèrent avec les voyageurs, laissant le muletier dépouillé et furieux, et l'hôtesse très édifiée de la bonne éducation des deux vauriens, dont elle avait entendu tout l'entretien sans qu'ils s'en aperçussent. Quand elle rapporta au muletier qu'elle leur avait ouï-dire que leurs cartes étaient fausses, le malheureux s'arrachait la barbe, et voulait courir après eux à l'autre hôtellerie pour rattraper son bien.

porque decía que era grandísima afrenta, y caso de menos valer, que dos muchachos hubiesen engañado a un hombrazo tan grande como él. Sus compañeros le detuvieron y aconsejaron que no fuese, siquiera por no publicar su inhabilidad y simpleza. En fin, tales razones le dijeron, que, aunque no le consolaron, le obligaron a quedarse.

En esto, Cortado y Rincón se dieron tan buena maña en servir a los caminantes, que lo más del camino los llevaban a las ancas; y, aunque se les ofrecían algunas ocasiones de tentar las valijas de sus medios amos, no las admitieron, por no perder la ocasión tan buena del viaje de Sevilla, donde ellos tenían grande deseo de verse.

Con todo esto, a la entrada de la ciudad, que fue a la oración y por la puerta de la Aduana, a causa del registro y almojarifazgo que se paga, no se pudo contener Cortado de no cortar la valija o maleta que a las ancas traía un francés de la camarada; y así, con el de sus cachas le dio tan larga y profunda herida, que se parecían patentemente las entrañas, y sutilmente le sacó dos camisas buenas, un reloj de sol y un librillo de memoria,

C'était, disait-il, un mortel affront, une aventure déshonorante, que deux polissons eussent trompé un homme de sa taille et de son âge. Mais ses compagnons le retinrent, et lui conseillèrent de ne point aller à leur poursuite, ne fût-ce que pour ne pas publier sa maladresse et sa niaiserie. Enfin, ils lui donnèrent de telles raisons, que, sans le consoler pourtant, ils l'obligèrent à rester tranquille.

Cependant, Cortado et Rincon mirent tant de zèle à servir les voyageurs, que ceux-ci les prenaient en croupe presque tout le long du chemin ; et, bien que plusieurs occasions s'offrissent aux deux amis de palper les valises de leurs maîtres de rencontre, ils ne les mirent pas à profit, afin de ne pas perdre l'occasion, meilleure encore, de faire le voyage de Séville, où ils avaient grande envie de se voir arrivés.

Néanmoins, lorsqu'ils entrèrent dans la ville, à l'heure de l'*angelus*, et par la porte de la Douane, à cause de la visite et des droits à payer, Cortado ne put se contenir, ni s'empêcher de fendre une valise que portait en croupe un Français de la compagnie. Avec son couteau jaune, il fit à cette valise une si large et si profonde blessure, qu'on lui voyait manifestement les entrailles. Il en tira fort subtilement deux bonnes chemises, une montre solaire et un livre de poche :

cosas que cuando las vieron no les dieron mucho gusto; y pensaron que, pues el francés llevaba a las ancas aquella maleta, no la había de haber ocupado con tan poco peso como era el que tenían aquellas preseas, y quisieran volver a darle otro tiento; pero no lo hicieron, imaginando que ya lo habrían echado menos y puesto en recaudo lo que quedaba.

Habíanse despedido antes que el salto hiciesen de los que hasta allí los habían sustentado, y otro día vendieron las camisas en el malbaratillo que se hace fuera de la puerta del Arenal, y dellas hicieron veinte reales.

Hecho esto, se fueron a ver la ciudad, y admiróles la grandeza y sumptuosidad de su mayor iglesia, el gran concurso de gente del río, porque era en tiempo de cargazón de flota y había en él seis galeras, cuya vista les hizo suspirar, y aun temer el día que sus culpas les habían de traer a morar en ellas de por vida. Echaron de ver los muchos muchachos de la esportilla que por allí andaban; informáronse de uno dellos qué oficio era aquél, y si era de mucho trabajo, y de qué ganancia.

Un muchacho asturiano, que fue a quien le hicieron la pregunta, respondió que el oficio era descansado y de que no se pagaba alcabala, y que algunos días

toutes choses dont la vue ne l'enchanta pas beaucoup. Pensant que, puisque le Français portait cette valise en croupe, il devait l'avoir remplie d'objets plus pesants que ces prises légères, ils auraient bien voulu y remettre la main : mais ils n'osèrent pas, imaginant qu'on se serait aperçu du dommage, et qu'on aurait mis le reste en sûreté.

Ils avaient pris congé, avant de faire leur coup, de ceux qui les avaient nourris jusque-là, et le lendemain, ayant vendu les deux chemises au marché de friperie qui se tient à la porte de l'Arenal, ils en tirèrent vingt réaux.

Cela fait, ils s'en allèrent voir la ville. La grandeur et la somptuosité de sa cathédrale les étonnèrent, ainsi que l'immense concours de gens travaillant au port, car c'était le temps du chargement des flottes. Il y avait sur le fleuve six galères, dont la vue les fit soupirer, et craindre même le jour où leurs fautes les y feraient prendre domicile pour le reste de leur vie. Ils aperçurent aussi les nombreux portefaix qui allaient et venaient dans ces parages. Ils s'informèrent auprès de l'un d'eux de ce qu'était ce métier, si l'on y avait beaucoup de travail, et ce qu'on y pouvait gagner.

Un portefaix asturien, auquel ils adressaient ces questions, leur répondit que le métier était fort doux. qu'on n'y avait point à payer de gabelle, que souvent

salía con cinco y con seis reales de ganancia, con que comía y bebía y triunfaba como cuerpo de rey, libre de buscar amo a quien dar fianzas y seguro de comer a la hora que quisiese, pues a todas lo hallaba en el más mínimo bodegón de toda la ciudad.

No les pareció mal a los dos amigos la relación del asturianillo, ni les descontentó el oficio, por parecerles que venía como de molde para poder usar el suyo con cubierta y seguridad, por la comodidad que ofrecía de entrar en todas las casas; y luego determinaron de comprar los instrumentos necesarios para usalle, pues lo podían usar sin examen. Y, preguntándole al asturiano qué habían de comprar, les respondió que sendos costales pequeños, limpios o nuevos, y cada uno tres espuertas de palma, dos grandes y una pequeña, en las cuales se repartía la carne, pescado y fruta, y en el costal, el pan; y él les guió donde lo vendían, y ellos, del dinero de la galima del francés, lo compraron todo, y dentro de dos horas pudieran estar graduados en el nuevo oficio, según les ensayaban las esportillas y asentaban los costales. Avisóles su adalid de los puestos donde habían de acudir: por las mañanas, a la Carnicería

il s'en tirait, au bout de la journée, avec cinq ou six réaux de profit, qu'avec cela il mangeait, buvait, s'amusait comme un roi, sans avoir besoin de chercher un maître à qui donner des garanties, et sûr de dîner quand il lui plaisait, car on trouvait à manger à toute heure dans le plus chétif cabaret de toute la ville, où il y en a tant et de si bons.

La relation de l'Asturien ne déplut pas aux deux amis, ni le métier non plus, car il leur sembla que ce métier leur allait comme au moule pour pouvoir se livrer au leur en toute sécurité, à cause des facilités qu'il offrait d'entrer dans toutes les maisons. Ils résolurent aussitôt d'acheter les ustensiles nécessaires à l'exercice du métier, puisqu'ils pouvaient l'exercer sans examen. Ils demandèrent à l'Asturien ce qu'il fallait acheter. L'autre répondit qu'il leur suffirait d'avoir chacun un sac de toile, petit et propre, et trois cabas ou paniers de jonc, deux grands et un petit, pour y répartir la viande, le poisson et les fruits, tandis qu'on mettait le pain dans le sac. Il les conduisit où se vendaient ces objets, et de l'argent qu'avait produit la défroque du Français, ils achetèrent tout leur bagage. Au bout de deux heures, ils auraient pu être gradués dans ce nouveau métier, tant ils portaient galamment et sans embarras les paniers et le sac. Leur guide les instruisit des endroits où ils devaient se tenir : le matin, à la boucherie

y a la plaza de San Salvador; los días de pescado, a la Pescadería y a la Costanilla; todas las tardes, al río; los jueves, a la Feria.

Toda esta lición tomaron bien de memoria, y otro día bien de mañana se plantaron en la plaza de San Salvador; y, apenas hubieron llegado, cuando los rodearon otros mozos del oficio, que, por lo flamante de los costales y espuertas, vieron ser nuevos en la plaza; hiciéronles mil preguntas, y a todas respondían con discreción y mesura. En esto, llegaron un medio estudiante y un soldado, y, convidados de la limpieza de las espuertas de los dos novatos, el que parecía estudiante llamó a Cortado, y el soldado a Rincón.

-En nombre sea de Dios -dijeron ambos.

-Para bien se comience el oficio -dijo Rincón-, que vuesa merced me estrena, señor mío.

A lo cual respondió el soldado:

-La estrena no será mala, porque estoy de ganancia y soy enamorado, y tengo de hacer hoy banquete a unas amigas de mi señora.

et au marché San-Salvador ; les jours maigres, à la poissonnerie ; toutes les après-midi sur le quai, et les jeudis à la foire.

Ils retinrent bien par cœur toute cette leçon, et le lendemain, de grand matin, ils se plantèrent au milieu de la place San-Salvador. À peine furent-ils arrivés là, qu'ils se virent entourés par d'autres portefaix qui reconnurent aisément, à ce que les paniers et les sacs étaient tout neufs, que c'étaient deux apprentis dans le métier. Aux mille questions qui leur furent adressées, ceux-ci répondirent avec justesse et complaisance. Sur ces entrefaites, arrivèrent une espèce d'étudiant et un soldat, qui furent alléchés par la propreté des paniers neufs que portaient les deux novices. L'étudiant appela Cortado, et le soldat Rincon.

— Que ce soit au nom de Dieu[1], dirent-ils tous deux à la fois.

— Et que le métier tourne bien, ajouta Rincon, car votre grâce m'étrenne, mon bon seigneur.

— L'étrenne ne sera pas mauvaise, répondit le soldat ; hier, au jeu, j'étais en veine, et je suis amoureux, de façon qu'aujourd'hui je régale d'un festin les amies de madame.

---

1. Formule usitée quand on fait une chose pour la première fois.

-Pues cargue vuesa merced a su gusto, que ánimo tengo y fuerzas para llevarme toda esta plaza, y aun si fuere menester que ayude a guisarlo, lo haré de muy buena voluntad.

Contentóse el soldado de la buena gracia del mozo, y díjole que si quería servir, que él le sacaría de aquel abatido oficio. A lo cual respondió Rincón que, por ser aquel día el primero que le usaba, no le quería dejar tan presto, hasta ver, a lo menos, lo que tenía de malo y bueno; y, cuando no le contentase, él daba su palabra de servirle a él antes que a un canónigo.

Rióse el soldado, cargóle muy bien, mostróle la casa de su dama, para que la supiese de allí adelante y él no tuviese necesidad, cuando otra vez le enviase, de acompañarle. Rincón prometió fidelidad y buen trato. Diole el soldado tres cuartos, y en un vuelo volvió a la plaza, por no perder coyuntura; porque también desta diligencia les advirtió el asturiano, y de que cuando llevasen pescado menudo (conviene a saber: albures, o sardinas o acedías), bien podían tomar algunas y hacerles la salva, siquiera para el gasto de aquel día;

— Eh bien ! reprit Rincon, que votre grâce me charge à sa fantaisie. J'ai des forces et du courage pour emporter sur mon dos tout ce marché. Et même, s'il est besoin que j'aide à la cuisine, je le ferai de très bon cœur.

Le soldat fut charmé de la bonne grâce du jeune homme. « Si tu veux me servir, lui dit-il, je te tirerai de ce pauvre et bas métier. — Comme c'est le premier jour que je l'exerce, répondit Rincon, je ne veux pas le quitter sitôt, avant de voir au moins ce qu'il a de bon et de mauvais ; mais, dès que j'en aurai assez, je vous donne ma parole de vous servir par préférence à un chanoine. »

Le soldat se mit à rire, le chargea de provisions, et lui montra la maison de sa dame, pour que Rincon la connût désormais, et qu'il n'eût plus besoin de l'accompagner, lorsqu'il l'y enverrait une autre fois. Rincon promit zèle et fidélité. Il reçut trois *cuartos*[1] du soldat, et revint d'un vol au marché, pour ne pas perdre une autre occasion. L'Asturien lui avait aussi recommandé cette diligence, et l'avait de plus averti que, lorsqu'il porterait du menu poisson, comme des goujons, des sardines ou des carrelets, il pouvait bien en prendre quelques-uns et en avoir l'étrenne, ne fût-ce que pour la dépense du jour ;

---

1. Le *cuarto* vaut quatre maravédis, à peu prés les deux tiers d'un sou.

pero que esto había de ser con toda sagacidad y advertimiento, porque no se perdiese el crédito, que era lo que más importaba en aquel ejercicio.

Por presto que volvió Rincón, ya halló en el mismo puesto a Cortado. Llegóse Cortado a Rincón, y preguntóle que cómo le había ido. Rincón abrió la mano y mostróle los tres cuartos. Cortado entró la suya en el seno y sacó una bolsilla, que mostraba haber sido de ámbar en los pasados tiempos; venía algo hinchada, y dijo:

-Con ésta me pagó su reverencia del estudiante, y con dos cuartos; mas tomadla vos, Rincón, por lo que puede suceder.

Y, habiéndosela ya dado secretamente, veis aquí do vuelve el estudiante trasudando y turbado de muerte; y, viendo a Cortado, le dijo si acaso había visto una bolsa de tales y tales señas, que, con quince escudos de oro en oro y con tres reales de a dos y tantos maravedís en cuartos y en ochavos, le faltaba, y que le dijese si la había tomado en el entretanto que con él había andado comprando. A lo cual, con estraño disimulo, sin alterarse ni mudarse en nada, respondió Cortado:

mais que cela devait se faire avec beaucoup de prudence et de sagacité, afin de ne pas perdre la confiance, chose qui importait le plus dans ce métier-là.

Quelque hâte que mit Rincon à revenir, il trouva déjà Cortado à son poste. Celui-ci s'approcha de son camarade, et lui demanda comment la chance lui avait tourné. Rincon ouvrit la main, et montra les trois *cuartos*. Cortado mit la sienne dans son sein, et en tira une bourse, qui paraissait avoir été de fil d'ambre dans les temps passés. Elle était passablement enflée.

« C'est avec cette bourse, dit Cortado, que m'a payé sa révérence l'étudiant, et avec ces deux *cuartos* de plus. Prenez-la, vous, Rincon, crainte de ce qui peut arriver. »

À peine la lui avait-il secrètement glissée dans la main, que voici l'étudiant qui arrive, suant, haletant, mortellement troublé. Celui-ci n'eut pas plutôt aperçu Cortado qu'il lui demanda s'il avait vu, par hasard, une bourse de telles et telles enseignes, qui avait disparu avec quinze écus d'or en or, trois doubles réaux, et tant de maravédis en menue monnaie. « Me l'auriez-vous prise, ajouta-t-il, pendant que j'achetais avec vous par le marché ? » Cortado répondit avec un sang-froid merveilleux, sans se troubler, sans changer de visage :

-Lo que yo sabré decir desa bolsa es que no debe de estar perdida, si ya no es que vuesa merced la puso a mal recaudo.

-¡Eso es ello, pecador de mí -respondió el estudiante-: que la debí de poner a mal recaudo, pues me la hurtaron!

-Lo mismo digo yo -dijo Cortado-; pero para todo hay remedio, si no es para la muerte, y el que vuesa merced podrá tomar es, lo primero y principal, tener paciencia; que de menos nos hizo Dios y un día viene tras otro día, y donde las dan las toman; y podría ser que, con el tiempo, el que llevó la bolsa se viniese a arrepentir y se la volviese a vuesa merced sahumada.

-El sahumerio le perdonaríamos -respondió el estudiante.

Y Cortado prosiguió diciendo:

-Cuanto más, que cartas de descomunión hay, paulinas, y buena diligencia, que es madre de la buena ventura; aunque, a la verdad, no quisiera yo ser el llevador de tal bolsa; porque, si es que vuesa merced tiene alguna orden sacra, parecerme hía a mí que había cometido algún grande incesto, o sacrilegio.

— Ce que je puis dire de cette bourse, c'est qu'elle ne doit pas être perdue, à moins, pourtant, que votre grâce ne l'ait mise en de mauvaises mains.

— C'est cela même, pécheur que je suis ! répliqua l'étudiant ; il faut bien que je l'aie mise en de mauvaises mains, puisqu'on me l'a volée.

— J'en dis tout autant, reprit Cortado ; mais il y a remède à tout, si ce n'est à la mort. Ce que votre grâce a de mieux à faire, c'est d'abord de prendre patience, car de moins Dieu nous a faits, et après un jour en vient un autre, et quand l'un donne l'autre prend ; il pourrait donc se faire qu'avec le temps, celui qui a pris la bourse vînt à se repentir, et la rendît à votre grâce avec les intérêts.

— Des intérêts nous lui ferions bien grâce, répondit l'étudiant.

— D'ailleurs, continua Cortado, il y a des lettres d'excommunication[1] ; il y a aussi la bonne diligence, qui est mère de la bonne fortune. À la vérité, je ne voudrais pas être le filou de la bourse, car si votre grâce a reçu quelqu'un des ordres sacrés, il me semblerait que j'ai commis un inceste ou un grand sacrilège.

---

1. On appelait *paulinas* ces lettres d'excommunication expédiées par les tribunaux ecclésiastiques pour la découverte des choses que l'on croyait volées ou cachées méchamment.

-Y ¡cómo que ha cometido sacrilegio! -dijo a esto el adolorido estudiante-; que, puesto que yo no soy sacerdote, sino sacristán de unas monjas, el dinero de la bolsa era del tercio de una capellanía, que me dio a cobrar un sacerdote amigo mío, y es dinero sagrado y bendito.

-Con su pan se lo coma -dijo Rincón a este punto-; no le arriendo la ganancia; día de juicio hay, donde todo saldrá en la colada, y entonces se verá quién fue Callejas y el atrevido que se atrevió a tomar, hurtar y menoscabar el tercio de la capellanía. Y ¿cuánto renta cada año? Dígame, señor sacristán, por su vida.

-¡Renta la puta que me parió! ¡Y estoy yo agora para decir lo que renta! -respondió el sacristán con algún tanto de demasiada cólera-. Decidme, hermanos, si sabéis algo; si no, quedad con Dios, que yo la quiero hacer pregonar.

-No me parece mal remedio ese -dijo Cortado-, pero advierta vuesa merced no se le olviden las señas de la bolsa, ni la cantidad puntualmente del dinero que va en ella; que si yerra en un ardite, no parecerá en días del mundo, y esto le doy por hado.

— Comment donc, s'il a commis un sacrilège ! s'écria le plaintif étudiant. Bien que je ne sois pas prêtre, mais seulement sacristain de religieuses, l'argent de la bourse était le tiers du revenu d'une chapellenie que m'avait chargé de toucher un prêtre de mes amis. C'est de l'argent béni et sacré.

— Que le filou mange son péché avec son pain, reprit alors Rincon ; je ne me fais pas sa caution. Il y a un jour du jugement dernier, où tout s'en ira, comme on dit, dans la lessive ; alors on verra quel est l'audacieux qui a osé prendre, voler et filouter le tiers du revenu de la chapellenie. Mais, dites-moi, je vous prie, seigneur sacristain, combien cette chapellenie rend-elle par année ?

— Que le diable vous emporte ! s'écria l'étudiant étouffant de colère : est-ce que je suis en état de vous dire ce qu'elle rend ? Dites-moi, frère, si vous savez quelque chose ; sinon, que Dieu vous conserve,. le veux faire publier ma bourse.

— C'est un moyen qui ne me semble pas mauvais, reprit Cortado. Mais que votre grâce prenne garde à bien donner le signalement de la bourse, à indiquer bien ponctuellement l'argent qu'elle renferme. Si vous vous trompez d'une obole, la bourse ne paraîtra plus d'ici à la fin du monde. C'est ce que je vous donne pour article de foi.

-No hay que temer deso -respondió el sacristán-, que lo tengo más en la memoria que el tocar de las campanas: no me erraré en un átomo.

Sacó, en esto, de la faldriquera un pañuelo randado para limpiarse el sudor, que llovía de su rostro como de alquitara; y, apenas le hubo visto Cortado, cuando le marcó por suyo. Y, habiéndose ido el sacristán, Cortado le siguió y le alcanzó en las Gradas, donde le llamó y le retiró a una parte; y allí le comenzó a decir tantos disparates, al modo de lo que llaman bernardinas, cerca del hurto y hallazgo de su bolsa, dándole buenas esperanzas, sin concluir jamás razón que comenzase, que el pobre sacristán estaba embelesado escuchándole. Y, como no acababa de entender lo que le decía, hacía que le replicase la razón dos y tres veces.

Estábale mirando Cortado a la cara atentamente y no quitaba los ojos de sus ojos. El sacristán le miraba de la misma manera, estando colgado de sus palabras. Este tan grande embelesamiento dio lugar a Cortado que concluyese su obra, y sutilmente le sacó el pañuelo de la faldriquera; y, despidiéndose dél, le dijo que a la tarde procurase de verle en aquel mismo lugar, porque él traía entre ojos que un muchacho de su mismo oficio y de su mismo tamaño,

— Quant à cela, il n'y a rien à craindre, répondit le sacristain. Je me souviens mieux du compte de l'argent que de sonner les cloches, et je ne me tromperai pas d'un atome.

Ce disant, il tira de sa poche un mouchoir orné de grosse dentelle, pour essuyer la sueur qui lui coulait du visage comme d'un alambic. À peine Cortado eut-il vu ce mouchoir qu'il le marqua pour sien. Quand le sacristain s'en fut allé, Cortado le suivit, l'atteignit sur les marches de l'église, où il l'appela et le prit à part ; là, il se mit a lui dire tant de balivernes, tant de gausseries, à propos du vol de la bourse, lui donnant de bonnes espérances, sans jamais finir un propos commencé, que le pauvre sacristain l'écoutait bouche ouverte ; et comme il ne comprenait pas ce que l'autre lui disait, il le faisait recommencer deux ou trois fois la même chose.

Cortado, cependant, le regardait fixement au visage, et n'ôtait pas les yeux de ses yeux. Le sacristain le regardait de la même manière, attentif et, comme on dit, pendu à ses paroles. Cet état d'extase permit à Cortado de finir sa tâche ; il lui enleva subtilement le mouchoir de la poche, et, prenant congé du pauvre diable, il lui dit de faire tout son possible pour venir le retrouver le tantôt au même endroit, parce qu'il soupçonnait qu'un certain garçon du même état et de la même taille que lui,

que era algo ladroncillo, le había tomado la bolsa, y que él se obligaba a saberlo, dentro de pocos o de muchos días.

Con esto se consoló algo el sacristán, y se despidió de Cortado, el cual se vino donde estaba Rincón, que todo lo había visto un poco apartado dél; y más abajo estaba otro mozo de la esportilla, que vio todo lo que había pasado y cómo Cortado daba el pañuelo a Rincón; y, llegándose a ellos, les dijo:

-Díganme, señores galanes: ¿voacedes son de mala entrada, o no?

-No entendemos esa razón, señor galán -respondió Rincón.

-¿Qué no entrevan, señores murcios? -respondió el otro.

-Ni somos de Teba ni de Murcia -dijo Cortado-. Si otra cosa quiere, dígala; si no, váyase con Dios.

-¿No lo entienden? -dijo el mozo-. Pues yo se lo daré a entender, y a beber, con una cuchara de plata; quiero decir, señores, si son vuesas mercedes ladrones. Mas no sé para qué les pregunto esto, pues sé ya que lo son;

un peu voleur de son métier, avait pris la bourse, et qu'il s'obligeait a tirer la chose au clair, en quelques ou en plusieurs jours.

Le sacristain, tant soit peu consolé par cette assurance, quitta Cortado, lequel vint retrouver Rincon, qui avait tout vu de quelques pas à l'écart. Un peu plus loin se tenait un autre portefaix, qui vit aussi tout ce qui s'était passé, et au moment où Cortado donnait le mouchoir à Rincon, il s'approcha d'eux.

— Dites-moi, seigneurs galants, vos grâces sont-elles ou non de mauvaise entrée ?

— Nous n'entendons pas ce que cela veut dire, seigneur galant, répondit Rincon.

— Comment, vous n'y êtes pas, seigneurs Murciens[1] ? répliqua l'autre.

— Nous ne sommes ni de Murcie, ni de Teba, reprit Cortado. Si vous avez autre chose à dire, dites-la ; sinon, que Dieu vous conduise !

— Ah ! vous n'entendez pas la chose ! dit le portefaix. Eh bien ! je vais vous la faire entendre, et même vous la faire boire avec une cuillère d'argent. Je demande à vos grâces si vous êtes voleurs ; et je ne sais pourquoi je vous en fais la question, puisque je vois bien que vous l'êtes.

---

1. *Murcio*, dans l'argot bohémien, vent dire voleur.

mas díganme: ¿cómo no han ido a la aduana del señor Monipodio?

-¿Págase en esta tierra almojarifazgo de ladrones, señor galán? -dijo Rincón.

-Si no se paga -respondió el mozo-, a lo menos regístranse ante el señor Monipodio, que es su padre, su maestro y su amparo; y así, les aconsejo que vengan conmigo a darle la obediencia, o si no, no se atrevan a hurtar sin su señal, que les costará caro.

-Yo pensé -dijo Cortado- que el hurtar era oficio libre, horro de pecho y alcabala; y que si se paga, es por junto, dando por fiadores a la garganta y a las espaldas. Pero, pues así es, y en cada tierra hay su uso, guardemos nosotros el désta, que, por ser la más principal del mundo, será el más acertado de todo él. Y así, puede vuesa merced guiarnos donde está ese caballero que dice, que ya yo tengo barruntos, según lo que he oído decir, que es muy calificado y generoso, y además hábil en el oficio.

-¡Y cómo que es calificado, hábil y suficiente! -respondió el mozo-. Eslo tanto, que en cuatro años que ha que tiene el cargo de ser nuestro mayor y padre

Mais, dites-moi, comment n'êtes-vous point passé à la douane du seigneur Monipodio ?

— Tiens, dit Rincon, est-ce qu'on paie dans ce pays patente de voleur, seigneur galant ?

— Si l'on ne paie patente, répondit le portefaix, du moins on passe la visite devant le seigneur Monipodio, qui est le père à tous, le maître et le protecteur. Je vous conseille donc de venir avec moi lui rendre obéissance ; sinon, ne vous avisez pas de voler sans sa permission ; il vous en cuirait.

— J'avais pensé, reprit Cortado, que le métier de voleur était un état libre, quitte d'octrois et de gabelle, et que, si l'on a des droits à payer, c'est sous le cautionnement de la gorge et des épaules. Mais, puisqu'il en est ainsi, et que chaque pays a sa coutume, obéissons à celle de celui-ci. Puisque c'est le premier pays du monde, la coutume en sera la plus sage. Ainsi votre grâce peut nous conduire auprès de ce gentilhomme dont il est question. Je me figure déjà, d'après ce que j'ai ouï-dire, qu'il est fort considéré, fort généreux, et de plus fort habile dans le métier.

— Comment donc ! s'écria le portefaix, s'il est considéré, habile et propre à l'emploi ! C'est au point que, depuis quatre ans qu'il est chargé d'être notre supérieur et notre père,

no han padecido sino cuatro en el finibusterrae, y obra de treinta envesados y de sesenta y dos en gurapas.

-En verdad, señor -dijo Rincón-, que así entendemos esos nombres como volar.

-Comencemos a andar, que yo los iré declarando por el camino -respondió el mozo-, con otros algunos, que así les conviene saberlos como el pan de la boca.

Y así, les fue diciendo y declarando otros nombres, de los que ellos llaman germanescos o de la germanía, en el discurso de su plática, que no fue corta, porque el camino era largo; en el cual dijo Rincón a su guía:

-¿Es vuesa merced, por ventura, ladrón?

-Sí -respondió él-, para servir a Dios y a las buenas gentes, aunque no de los muy cursados; que todavía estoy en el año del noviciado.

A lo cual respondió Cortado:

-Cosa nueva es para mí que haya ladrones en el mundo para servir a Dios y a la buena gente.

il n'y a que quatre de nous qui aient souffert au *finibus terræ*, une trentaine à la main chaude, et soixante-deux aux *gurapes*[1].

— En vérité, seigneur, interrompit Rincon, nous entendons ces mots comme le grec.

— Commençons par marcher, reprit le portefaix ; en chemin, je vous les expliquerai, ainsi que plusieurs autres dont la connaissance vous est aussi nécessaire que le pain à la bouche.

En effet, il leur dit et leur expliqua successivement d'autres noms et paroles de ce qu'ils appellent l'argot[2], pendant le cours de leur entretien, qui ne fut pas bref, car le chemin était long.

Pendant le trajet, Rincon dit à leur guide :

— Êtes- vous, par hasard, voleur ?

— Oui, répondit l'autre, pour servir Dieu et les honnêtes gens, bien que je ne compte point parmi les plus versés dans la pratique, car je suis encore dans l'année du noviciat.

— C'est pour moi une chose nouvelle, reprit Cortado, qu'il y ait des voleurs au monde pour servir Dieu et les honnêtes gens.

---

1. C'est-a-dire à la potence, au fouet et aux galères.

2. La *germania* ou *gerigonza*.

A lo cual respondió el mozo:

-Señor, yo no me meto en tologías; lo que sé es que cada uno en su oficio puede alabar a Dios, y más con la orden que tiene dada Monipodio a todos sus ahijados.

-Sin duda -dijo Rincón-, debe de ser buena y santa, pues hace que los ladrones sirvan a Dios.

-Es tan santa y buena -replicó el mozo-, que no sé yo si se podrá mejorar en nuestro arte. Él tiene ordenado que de lo que hurtáremos demos alguna cosa o limosna para el aceite de la lámpara de una imagen muy devota que está en esta ciudad, y en verdad que hemos visto grandes cosas por esta buena obra; porque los días pasados dieron tres ansias a un cuatrero que había murciado dos roznos, y con estar flaco y cuartanario, así las sufrió sin cantar como si fueran nada. Y esto atribuimos los del arte a su buena devoción, porque sus fuerzas no eran bastantes para sufrir el primer desconcierto del verdugo. Y, porque sé que me han de preguntar algunos vocablos de los que he dicho, quiero curarme en salud y decírselo antes que me lo pregunten. Sepan voacedes que cuatrero es ladrón de bestias; ansia es el tormento; rosnos, los asnos, hablando con perdón; primer desconcierto es las primeras vueltas de cordel que da el verdugo.

— Quant à moi, répondit le portefaix, je ne me mêle point de théologie. Ce que je sais, c'est que chacun dans son métier peut fort bien louer Dieu, surtout d'après l'ordre qu'en a donné Monipodio à tous ses filleuls.

— Sans doute, ajouta Rincon, cet ordre doit être saint et édifiant, puisqu'il fait que les voleurs servent Dieu.

— Il est si saint et si édifiant, répliqua le portefaix, que je doute qu'on puisse jamais en établir un meilleur dans notre métier. Monipodio nous a donné l'ordre de prélever, sur tout ce que nous volons, quelque aumône pour l'huile de la lampe d'une très dévote image qui est dans cette ville. Et en vérité, nous avons vu de grandes choses à la faveur de cet ordre. Ces jours passés, on a donné trois angoisses à un *cuatrero* qui avait *murcié* deux *braillards*, et, bien qu'il fût chétif et fiévreux, il les a souffertes sans chanter, comme si ce n'eût rien été du tout. Nous autres du métier, nous avons attribué cette constance à sa bonne dévotion, car ses forces n'étaient pas de taille à tenir bon contre le premier *crac* du bourreau. Et maintenant, comme je sais que vous allez me questionner sur quelques-uns des mots que j'ai dits, je veux me guérir en santé, et vous les expliquer avant que vous me le demandiez. Que vos grâces sachent donc que *cuatrero* est un voleur de bétail, *angoisses* la question, *braillards* les ânes, parlant par respect, *chanter* avouer le vol, et premier *crac* le premier tour de corde que donne le bourreau.

Tenemos más: que rezamos nuestro rosario, repartido en toda la semana, y muchos de nosotros no hurtamos el día del viernes, ni tenemos conversación con mujer que se llame María el día del sábado.

-De perlas me parece todo eso -dijo Cortado-; pero dígame vuesa merced: ¿hácese otra restitución o otra penitencia más de la dicha?

-En eso de restituir no hay que hablar -respondió el mozo-, porque es cosa imposible, por las muchas partes en que se divide lo hurtado, llevando cada uno de los ministros y contrayentes la suya; y así, el primer hurtador no puede restituir nada; cuanto más, que no hay quien nos mande hacer esta diligencia, a causa que nunca nos confesamos; y si sacan cartas de excomunión, jamás llegan a nuestra noticia, porque jamás vamos a la iglesia al tiempo que se leen, si no es los días de jubileo, por la ganancia que nos ofrece el concurso de la mucha gente.

-Y ¿con sólo eso que hacen, dicen esos señores -dijo Cortadillo- que su vida es santa y buena?

-Pues ¿qué tiene de malo? -replicó el mozo-. ¿No es peor ser hereje o renegado, o matar a su padre y madre, o ser solomico?

Nous faisons plus ; nous récitons notre chapelet en le divisant pour la semaine ; plusieurs d'entre nous ne volent pas le vendredi, et le samedi, nous ne faisons la conversation avec aucune femme du nom de Marie.

— Tout cela me semble d'or, s'écria Cortado. Mais, dites-moi, je vous prie, fait-on quelque restitution, ou quelque autre pénitence de plus que celle-là ?

— Quant à restituer, répondit le portefaix, il ne faut pas en parler, car c'est chose impossible, à cause des nombreuses parts qu'on fait des objets volés, de façon que chacun des agents et contractants ait la sienne. Ainsi, le premier voleur ne peut rien restituer. D'ailleurs il n'y a personne pour nous commander cette démarche, car nous ne nous confessons jamais. Si l'on publie des lettres d'excommunication, elles n'arrivent jamais à notre connaissance, parce que jamais nous n'allons à l'église pendant qu'on les lit, à moins que ce ne soit les jours de jubilé, à cause des profits que nous offre le concours de tant de monde.

— Et seulement avec ce qu'ils font là, reprit Cortado, ces messieurs disent que leur vie est sainte et bonne ?

— Et qu'a-t-elle donc de mauvais ? répliqua le portefaix. N'est-il pas pire d'être hérétique, ou renégat, ou de tuer père et mère, ou d'être solomite ?

-Sodomita querrá decir vuesa merced -respondió Rincón.

-Eso digo -dijo el mozo.

-Todo es malo -replicó Cortado-. Pero, pues nuestra suerte ha querido que entremos en esta cofradía, vuesa merced alargue el paso, que muero por verme con el señor Monipodio, de quien tantas virtudes se cuentan.

-Presto se les cumplirá su deseo -dijo el mozo-, que ya desde aquí se descubre su casa. Vuesas mercedes se queden a la puerta, que yo entraré a ver si está desocupado, porque éstas son las horas cuando él suele dar audiencia.

-En buena sea -dijo Rincón.

Y, adelantándose un poco el mozo, entró en una casa no muy buena, sino de muy mala apariencia, y los dos se quedaron esperando a la puerta. Él salió luego y los llamó, y ellos entraron, y su guía les mandó esperar en un pequeño patio ladrillado, y de puro limpio y aljimifrado parecía que vertía carmín de lo más fino. Al un lado estaba un banco de tres pies y al otro un cántaro desbocado con un jarrillo encima, no menos falto que el cántaro; a otra parte estaba una estera de enea, y en el medio un tiesto, que en Sevilla llaman maceta, de albahaca.

— Votre grâce veut dire sodomiste, interrompit Rincon.

— Justement, reprit le portefaix.

— Tout cela ne vaut rien, ajouta Cortado ; mais puisque notre étoile a voulu que nous entrassions dans cette confrérie, que votre grâce allonge un peu le pas, je meurs d'envie de me rencontrer avec le seigneur Monipodio, auquel on attribue tant de vertus.

— Votre désir sera bientôt rempli, répondit le portefaix ; d'ici l'on aperçoit sa maison. Que vos grâces demeurent à la porte ; j'entrerai pour voir s'il est libre, car voici les heures où il a coutume de donner audience.

— Que ce soit à la bonne, repartit Rincon.

Le portefaix, prenant un peu les devants, entra dans une maison, non des plus somptueuses, mais, au contraire, de fort mauvaise apparence. Les deux amis restèrent à la porte en attendant. L'autre revint bientôt, les appela et les introduisit. Leur guide les fit attendre encore dans une petite cour[1] carrelée en briques, si propre, si bien frottée, qu'elle semblait enduite du carmin le plus pur. D'un côté, était un banc à trois jambes ; en face, une cruche ébréchée avec un pot dessus, en aussi bon état que la cruche ; d'un autre côté, était jetée une natte de jonc, et, au milieu, se dressait un pot de basilic.

---

1. *Patio*, c'est la cour carrée qui forme le centre des maisons à Séville, et qui sert de salon d'été.

Miraban los mozos atentamente las alhajas de la casa, en tanto que bajaba el señor Monipodio; y, viendo que tardaba, se atrevió Rincón a entrar en una sala baja, de dos pequeñas que en el patio estaban, y vio en ella dos espadas de esgrima y dos broqueles de corcho, pendientes de cuatro clavos, y una arca grande sin tapa ni cosa que la cubriese, y otras tres esteras de enea tendidas por el suelo. En la pared frontera estaba pegada a la pared una imagen de Nuestra Señora, destas de mala estampa, y más abajo pendía una esportilla de palma, y, encajada en la pared, una almofía blanca, por do coligió Rincón que la esportilla servía de cepo para limosna, y la almofía de tener agua bendita, y así era la verdad.

Estando en esto, entraron en la casa dos mozos de hasta veinte años cada uno, vestidos de estudiantes; y de allí a poco, dos de la esportilla y un ciego; y, sin hablar palabra ninguno, se comenzaron a pasear por el patio. No tardó mucho, cuando entraron dos viejos de bayeta, con antojos que los hacían graves y dignos de ser respetados, con sendos rosarios de sonadoras cuentas en las manos. Tras ellos entró una vieja halduda, y, sin decir nada, se fue a la sala; y, habiendo tomado agua bendita, con grandísima devoción se puso de rodillas ante la imagen,

Les nouveaux venus examinaient attentivement
le mobilier de la maison pendant que le seigneur
Monipodio descendait à leur rencontre. Voyant qu'il
tardait à venir, Rincon se risqua à entrer dans l'une des
deux petites salles basses qui donnaient sur la cour. Il
y vit deux fleurets et deux boucliers de liège, pendus
à quatre clous, un grand coffre, sans couvercle ni rien
qui le bouchât, et trois autres nattes de jonc étendues
par terre. Sur la muraille en face, était collée une image
de Notre-Dame, de ces grossières estampes ; un peu
au-dessous, était suspendu un petit panier de paille, à
côté d'une cuvette de faïence enchâssée dans le mur.
Rincon en inféra que le panier servait de tronc pour les
aumônes, et la cuvette de bénitier ; ce qui était vrai.

Sur ces entrefaites, entrèrent dans la maison deux
jeunes gens d'une vingtaine d'années, vêtus en étu-
diants ; un peu après, deux portefaix et un aveugle,
et, sans dire un seul mot, ils commencèrent à se promener en long et en large dans la cour. Bientôt entrèrent aussi deux vieillards habillés de serge noire,
avec des lunettes sur le nez qui les rendaient graves et
respectables, et chacun un chapelet de grains bruyants
dans les mains. Derrière eux, vint une vieille à longue
jupe ; celle-ci, sans rien dire, entra dans la salle
basse, et quand elle eut pris de l'eau bénite avec une
grande dévotion, elle se mit à genoux devant l'image ;

y, a cabo de una buena pieza, habiendo primero besado tres veces el suelo y levantados los brazos y los ojos al cielo otras tantas, se levantó y echó su limosna en la esportilla, y se salió con los demás al patio. En resolución, en poco espacio se juntaron en el patio hasta catorce personas de diferentes trajes y oficios. Llegaron también de los postreros dos bravos y bizarros mozos, de bigotes largos, sombreros de grande falda, cuellos a la valona, medias de color, ligas de gran balumba, espadas de más de marca, sendos pistoletes cada uno en lugar de dagas, y sus broqueles pendientes de la pretina; los cuales, así como entraron, pusieron los ojos de través en Rincón y Cortado, a modo de que los estrañaban y no conocían. Y, llegándose a ellos, les preguntaron si eran de la cofradía. Rincón respondió que sí, y muy servidores de sus mercedes.

Llegóse en esto la sazón y punto en que bajó el señor Monipodio, tan esperado como bien visto de toda aquella virtuosa compañía. Parecía de edad de cuarenta y cinco a cuarenta y seis años, alto de cuerpo, moreno de rostro, cejijunto, barbinegro y muy espeso; los ojos, hundidos. Venía en camisa, y por la abertura de delante descubría un bosque: tanto era el vello que tenía en el pecho.

puis, au bout d'un long recueillement, après avoir
d'abord baisé trois fois la terre, et levé trois autres
fois les bras et les yeux au ciel, elle se releva, jeta son
aumône dans le petit panier, et vint rejoindre les autres
dans la cour. Finalement, il s'y réunit en peu de temps
jusqu'à quatorze personnes, de différents costumes et
de différentes professions. Parmi les derniers, arrivèrent
aussi deux braves et élégants gaillards, avec la moustache
longue, le chapeau à large bord, le collet à la wallonne,
les bas de couleur, les jarretières à grande rosette, les
épées longues outre mesure, chacun un pistolet en
guise de dague, et leurs boucliers pendus à la ceinture.
À peine furent-ils entrés qu'ils jetèrent un regard de
travers sur Rincon et Cortado, comme étonnés de les
voir, ne les connaissant pas. Ils s'approchèrent d'eux,
et leur demandèrent s'ils étaient de la confrérie. «
Oui répondit Rincon, et très humbles serviteurs de
vos grâces. »

Enfin arriva le moment où descendit le seigneur
Monipodio, aussi attendu que bien accueilli
par toute cette vertueuse compagnie. C'était un
homme de quarante-cinq à quarante-six ans, haut
de taille, brun de visage, les sourcils joints, la barbe
noire et très épaisse, les yeux enfoncés. Il venait
en chemise, et, par la fente de devant, il laissait
voir une forêt, tant il avait de poil sur la poitrine.

Traía cubierta una capa de bayeta casi hasta los pies, en los cuales traía unos zapatos enchancletados, cubríanle las piernas unos zaragüelles de lienzo, anchos y largos hasta los tobillos; el sombrero era de los de la hampa, campanudo de copa y tendido de falda; atravesábale un tahalí por espalda y pechos a do colgaba una espada ancha y corta, a modo de las del perrillo; las manos eran cortas, pelosas, y los dedos gordos, y las uñas hembras y remachadas; las piernas no se le parecían, pero los pies eran descomunales de anchos y juanetudos. En efeto, él representaba el más rústico y disforme bárbaro del mundo. Bajó con él la guía de los dos, y, trabándoles de las manos, los presentó ante Monipodio, diciéndole:

-Éstos son los dos buenos mancebos que a vuesa merced dije, mi sor Monipodio: vuesa merced los desamine y verá como son dignos de entrar en nuestra congregación.

-Eso haré yo de muy buena gana -respondió Monipodio.

Il était couvert d'un manteau de serge qui lui tombait presque jusqu'aux pieds, lesquels étaient chaussés de souliers mis en pantoufles. Des chausses en toile, longues, larges et plissées, lui couvraient les jambes jusqu'aux chevilles. Son chapeau était à la bravache[1], de forme renflée et de bords étendus. De ses épaules et sur sa poitrine descendait un baudrier de cuir, d'où pendait une épée large et courte, à la manière de celles du *petit chien*[2]. Ses mains étaient courtes et velues, les doigts gros, les ongles épatés. On ne voyait pas ses jambes sous les chausses, mais ses pieds étaient d'une largeur démesurée, avec de gros os saillants. Finalement, il représentait le barbare le plus rustique et le plus difforme du monde. L'introducteur des deux nouveaux venus descendit avec lui, et, les prenant par la main, il les présenta à Monipodio.

— Voici, dit-il, les deux bons enfants dont j'ai parlé à votre grâce, seigneur Monipodio. Que votre grâce les désamine, elle verra comme ils sont dignes d'entrer dans notre congrégation.

— Je le ferai très volontiers, répondit Monipodio.

---

1. *De los bravos de la hampa*, nom qu'on donnait aux *bravi* d'Andalousie.

2. Ce petit chien était la marque d'un célèbre fournisseur de Tolède, appelé Julian del Rey, et Morisque de naissance.

Olvidábaseme de decir que, así como Monipodio bajó, al punto, todos los que aguardándole estaban le hicieron una profunda y larga reverencia, excepto los dos bravos, que, a medio magate, como entre ellos se dice, le quitaron los capelos, y luego volvieron a su paseo por una parte del patio, y por la otra se paseaba Monipodio, el cual preguntó a los nuevos el ejercicio, la patria y padres.

A lo cual Rincón respondió:

-El ejercicio ya está dicho, pues venimos ante vuesa merced; la patria no me parece de mucha importancia decilla, ni los padres tam-poco, pues no se ha de hacer información para recebir algún hábito honroso.

A lo cual respondió Monipodio:

-Vos, hijo mío, estáis en lo cierto, y es cosa muy acertada encubrir eso que decís; porque si la suerte no corriere como debe, no es bien que quede asentado debajo de signo de escribano, ni en el libro de las entradas: «Fulano, hijo de Fulano, vecino de tal parte, tal día le ahorcaron, o le azotaron», o otra cosa semejante, que, por lo menos, suena mal a los buenos oídos; y así, torno a decir que es provechoso documento callar la patria, encubrir los padres y mudar los propios nombres; aunque para entre nosotros no ha de haber nada encubierto, y sólo ahora quiero saber los nombres de los dos.

J'avais oublié de dire qu'au moment où Monipodio parut, tous ceux qui l'attendaient lui firent une longue et profonde révérence, à l'exception pourtant des deux braves, qui soulevèrent seulement un coin de leurs grands chapeaux, et continuèrent à se promener. Monipodio se promenait aussi d'un bout à l'autre de la cour ; et, tout en marchant, il questionna les nouveaux venus sur leur métier, leur pays et leurs parents.

À cela Rincon répondit :

— Le métier, c'est déjà dit, puisque nous paraissons devant votre grâce ; quant au pays, il ne me semble pas très important de le déclarer, ni les parents non plus, puisqu'il ne s'agit pas de faire une enquête pour prendre l'habit dans quelque ordre noble.

— Vous, mon fils, répondit Monipodio, vous êtes dans le sûr et dans le vrai ; c'est une chose fort sensée de cacher ce que vous dites, car si la chance tournait autrement qu'elle ne doit, il n'est pas bon qu'on laisse inscrit sous paraphe de greffier et sur le livre des entrées : un tel, fils d'un tel, habitant de tel endroit, fut pendu tel jour, ou fouetté, ou autre chose semblable, qui pour le moins sonne mal aux oreilles délicates. Je répète donc qu'il est d'un usage profitable de taire son pays, de cacher sa naissance, et de changer son nom propre. Entre nous, cependant, il ne doit rien y avoir de caché, et, pour le moment, je ne veux savoir que vos noms à tous deux.

Rincón dijo el suyo y Cortado también.

-Pues, de aquí adelante -respondió Monipodio-, quiero y es mi voluntad que vos, Rincón, os llaméis Rinconete, y vos, Cortado, Cortadillo, que son nombres que asientan como de molde a vuestra edad y a nuestras ordenanzas, debajo de las cuales cae tener necesidad de saber el nombre de los padres de nuestros cofrades, porque tenemos de costumbre de hacer decir cada año ciertas misas por las ánimas de nuestros difuntos y bienhechores, sacando el estupendo para la limosna de quien las dice de alguna parte de lo que se garbea; y estas tales misas, así dichas como pagadas, dicen que aprovechan a las tales ánimas por vía de naufragio, y caen debajo de nuestros bienhechores: el procurador que nos defiende, el guro que nos avisa, el verdugo que nos tiene lástima, el que, cuando alguno de nosotros va huyendo por la calle y detrás le van dando voces: ¡Al ladrón, al ladrón! ¡Deténganle, deténganle!, uno se pone en medio y se opone al raudal de los que le siguen, diciendo: ¡Déjenle al cuitado, que harta mala ventura lleva! ¡Allá se lo haya; castíguele su pecado! Son también bienhechoras nuestras las socorridas, que de su sudor nos socorren, ansí en la trena como en las guras; y también lo son nuestros padres y madres, que nos echan al mundo, y el escribano,

Rincon dit le sien, et Cortado fit de même.

— Eh bien, dorénavant, reprit Monipodio, je veux et ma volonté est que vous, Rincon, vous vous appeliez Rinconète, et vous, Cortado, Cortadillo. Ce sont des noms qui vont à merveille à votre âge et à nos règlements, lesquels obligent à savoir le nom des parents de nos confrères. En effet, nous avons coutume de faire dire chaque année un certain nombre de messes pour le repos de l'âme de nos défunts et de nos bienfaiteurs, en prélevant pour le casuel du prêtre qui les dit une certaine partie de ce qui est *garbé*[1]. Ces messes, ainsi dites et ainsi payées, font, dit-on, grand bien à ces âmes, par voie de naufrage. Sous le nom de nos bienfaiteurs, nous comprenons le procureur qui nous assiste, l'alguazil qui nous avertit, le bourreau qui prend pitié de nous, celui, enfin, qui, lorsque l'un de nous se sauve dans la rue, et qu'on le poursuit en criant au voleur, au voleur ! arrêtez, arrêtez ! se jette en travers et retient la foule qui se précipite aux trousses du fuyard, en disant : « Laissez ce pauvre diable, il est assez malheureux ; qu'il aille en paix et que son péché le punisse. » Nous comptons aussi pour bienfaitrices les entretenues qui nous entretiennent dans la *trena* ou dans les *guras*[2] et de même nos pères et mères qui nous mettent au monde, et enfin le greffier ;

---

1. Volé.

2. La prison ou les galères.

que si anda de buena, no hay delito que sea culpa ni culpa a quien se dé mucha pena; y, por todos estos que he dicho, hace nuestra hermandad cada año su adversario con la mayor popa y solenidad que podemos.

-Por cierto -dijo Rinconete, ya confirmado con este nombre-, que es obra digna del altísimo y profundísimo ingenio que hemos oído decir que vuesa merced, señor Monipodio, tiene. Pero nuestros padres aún gozan de la vida; si en ella les alcanzáremos, daremos luego noticia a esta felicísima y abogada confraternidad, para que por sus almas se les haga ese naufragio o tormenta, o ese adversario que vuesa merced dice, con la solenidad y pompa acostumbrada; si ya no es que se hace mejor con popa y soledad, como también apuntó vuesa merced en sus razones.

-Así se hará, o no quedará de mí pedazo -replicó Monipodio.

Y, llamando a la guía, le dijo:

-Ven acá, Ganchuelo: ¿están puestas las postas?

car, s'il est de bonne composition, il n'y a pas de crime qui ne soit faute, ni de faute qui soit bien punie. C'est pour tous ceux que je viens de nommer que notre confrérie fait chaque année son adversaire, avec le plus de poupe et de solitude[1] que nous pouvons.

— Assurément, reprit Rinconète, déjà baptisé et confirmé de ce nom, c'est là une œuvre digne du très haut et très profond esprit qu'à ce que nous avons ouï-dire, seigneur Monipodio, votre grâce possède. Mais nos parents jouissent encore de la vie ; s'ils s'en vont avant nous, nous en donnerons sur-le-champ connaissance à cette très heureuse et très accréditée confraternité pour qu'on fasse à leurs âmes ce naufrage ou tempête, ou cet adversaire que vous dites, avec la solennité et la pompe accoutumées, à moins cependant que ce ne soit mieux avec la poupe et la solitude, comme votre grâce l'a fait entendre dans ses propos.

— C'est ce qui se fera, répondit Monipodio, ou il ne restera pas morceau de moi-même.

Appelant alors l'introducteur, il lui dit :

— Holà, Ganchuelo[2], les postes sont-ils placés ?

---

1. En espagnol, *soledad* ressemble plus à *solemnidad* que *solitude* à *solennité*.

2. Diminutif de *gancho*, crochet, et, par métaphore, raccoleur.

-Sí -dijo la guía, que Ganchuelo era su nombre-: tres centinelas quedan avizorando, y no hay que temer que nos cojan de sobresalto.

-Volviendo, pues, a nuestro propósito -dijo Monipodio-, querría saber, hijos, lo que sabéis, para daros el oficio y ejercicio conforme a vuestra inclinación y habilidad.

-Yo -respondió Rinconete- sé un poquito de floreo de Vilhán; entiéndeseme el retén; tengo buena vista para el humillo; juego bien de la sola, de las cuatro y de las ocho; no se me va por pies el raspadillo, verrugueta y el colmillo; éntrome por la boca de lobo como por mi casa, y atreveríame a hacer un tercio de chanza mejor que un tercio de Nápoles, y a dar un astillazo al más pintado mejor que dos reales prestados.

-Principios son -dijo Monipodio-, pero todas ésas son flores de cantueso viejas, y tan usadas que no hay principiante que no las sepa, y sólo sirven para alguno que sea tan blanco que se deje matar de media noche abajo; pero andará el tiempo y vernos hemos: que, asentando sobre ese fundamento media docena de liciones, yo espero en Dios que habéis de salir oficial famoso, y aun quizá maestro.

— Oui, reprit le guide, qui s'appelait, en effet, Ganchuelo, trois sentinelles sont aux aguets, et il n'y a pas à craindre qu'on nous prenne en sursaut.

— Revenant donc à notre affaire, reprit Monipodio, je voudrais savoir, mes enfants, ce que vous savez faire, pour vous donner un emploi conforme à votre inclination et à votre habileté.

— Moi, répondit Rinconète, je sais un peu la blague du badaud ; j'entends la réserve ; j'ai bonne vue pour la dépiste ; je joue bien de la seule, des quatre et des huit ; j'ai la tricherie plus aux mains qu'aux pieds ; j'entre dans la bouche du four comme dans ma maison ; je m'engage à ranger un régiment de tours mieux qu'un régiment de Naples, et à donner l'assaut au plus huppé mieux qu'à lui prêter deux réaux[1].

— Voilà des prin cipes, dit Monipodio ; mais tout cela ne sont que de vieilles fleurs de coquelicots, si usées, si rebattues, qu'il n'y a pas un débutant qui ne les connaisse ; elles servent tout au plus contre un niais assez blanc pour se laisser rafler après minuit. Mais le temps marchera, et nous nous reverrons. En échafaudant sur ce fondement une demi-douzaine de leçons, j'espère en Dieu que vous deviendrez un habile ouvrier, et peut-être maître à la fin.

---

1. Toutes ces expressions, autant qu'on pouvait les rendre en français, signifient, dans l'argot bohémien, divers tours de filouterie.

-Todo será para servir a vuesa merced y a los señores cofrades -res-pondió Rinconete.

-Y vos, Cortadillo, ¿qué sabéis? -preguntó Monipodio.

-Yo -respondió Cortadillo- sé la treta que dicen mete dos y saca cinco, y sé dar tiento a una faldriquera con mucha puntualidad y destreza.

-¿Sabéis más? -dijo Monipodio.

-No, por mis grandes pecados -respondió Cortadillo.

-No os aflijáis, hijo -replicó Monipodio-, que a puerto y a escuela habéis llegado donde ni os anegaréis ni dejaréis de salir muy bien aprovechado en todo aquello que más os conviniere. Y en esto del ánimo, ¿cómo os va, hijos?

-¿Cómo nos ha de ir -respondió Rinconete- sino muy bien? Ánimo tenemos para acometer cualquiera empresa de las que tocaren a nuestro arte y ejercicio.

-Está bien -replicó Monipodio-, pero querría yo que también le tuviésedes para sufrir, si fuese menester, media docena de ansias sin desplegar los labios y sin decir esta boca es mía.

— Tout cela sera pour servir votre grâce et messieurs nos confrères, » répondit Rinconète.

— Et vous, Cortadillo, reprit Monipodio, que savez-vous ?

— Pour moi, répondit Cortadillo, je connais le tour qu'on appelle *mets deux et tire cinq*, et je sais sonder une poche avec beaucoup d'adresse et de ponctualité.

— Savez-vous quelque chose de plus ? dit Monipodio.

— Hélas ! non, pour mes grands péchés, répliqua Cortadillo.

— Allons, ne vous affligez pas, mon enfant, repartit Monipodio, vous êtes arrivé à un port où vous ne vous noierez pas, et à une école d'où vous ne sortirez pas sans être bien pourvu de tout ce qu'il convient d'apprendre. Et quant au courage, comment cela vous va-t-il, enfants ?

— Comment cela pourrait-il nous aller, répondit Rinconète, si ce n'est très bien ? Du courage, nous en avons pour hasarder toute entreprise relative à notre art et à notre profession.

— C'est fort bien, répliqua Monipodio ; mais je voudrais aussi que vous en eussiez pour souffrir, s'il en est besoin, une demi-douzaine d'angoisses, sans desserrer les lèvres, sans dire cette bouche est à moi.

-Ya sabemos aquí -dijo Cortadillo-, señor Monipodio, qué quiere decir ansias, y para todo tenemos ánimo; porque no somos tan ignorantes que no se nos alcance que lo que dice la lengua paga la gorja; y harta merced le hace el cielo al hombre atrevido, por no darle otro título, que le deja en su lengua su vida o su muerte, ¡como si tuviese más letras un no que un sí!

-¡Alto, no es menester más! -dijo a esta sazón Monipodio-. Digo que sola esa razón me convence, me obliga, me persuade y me fuerza a que desde luego asentéis por cofrades mayores y que se os sobrelleve el año del noviciado.

-Yo soy dese parecer -dijo uno de los bravos.

Y a una voz lo confirmaron todos los presentes, que toda la plática habían estado escuchando, y pidieron a Monipodio que desde luego les concediese y permitiese gozar de las inmunidades de su cofradía, porque su presencia agradable y su buena plática lo merecía todo. Él respondió que, por dalles contento a todos, desde aquel punto se las concedía, y advirtiéndoles que las estimasen en mucho, porque eran no pagar media nata del primer hurto que hiciesen;

— Nous savons déjà, seigneur Monipodio, reprit Cortadillo, ce qu'ici veut dire an goisses, et nous avons du courage pour cela comme pour autre chose ; car enfin nous ne sommes pas tellement ignorants que nous ne comprenions fort bien que ce que dit la langue, la gorge le paie, et le Ciel fait vraiment trop de grâce à l'homme hardi (pour ne pas lui donner un autre nom) lorsqu'il remet à sa langue sa vie ou sa mort, comme si un *non* avait plus de lettres qu'un *oui*.

— Halte-là ! c'est assez, s'écria Monipodio. Cette seule réponse me persuade, me convainc, me force et m'oblige à ce que je vous couche sur-le-champ au rang des confrères de première classe, et que je vous exempte de l'année de noviciat.

— Je suis de cette opinion, dit un des braves.

Et tous les assistants, qui avaient écouté l'examen, l'appuyèrent d'une voix unanime. Ils demandèrent à Monipodio d'accorder aux deux jeunes gens la jouissance immédiate des immunités de leur confrérie, disant que leur bonne mine et leur agréable conversation méritaient bien cet honneur. Monipodio répondit que pour complaire à tout le monde, il leur accordait dès ce moment ces immunités ; mais il les avertit de tenir une telle faveur en grande estime, puisqu'elles consistaient à ne point payer la demi-annate sur le premier vol qu'ils feraient ;

no hacer oficios menores en todo aquel año, conviene a saber: no llevar recaudo de ningún hermano mayor a la cárcel, ni a la casa, de parte de sus contribuyentes; piar el turco puro; hacer banquete cuando, como y adonde quisieren, sin pedir licencia a su mayoral; entrar a la parte, desde luego, con lo que entrujasen los hermanos mayores, como uno dellos, y otras cosas que ellos tuvieron por merced señaladísima, y los demás, con palabras muy comedidas, las agradecieron mucho.

Estando en esto, entró un muchacho corriendo y desalentado, y dijo:

-El alguacil de los vagabundos viene encaminado a esta casa, pero no trae consigo gurullada.

-Nadie se alborote -dijo Monipodio-, que es amigo y nunca viene por nuestro daño. Sosiéguense, que yo le saldré a hablar.

Todos se sosegaron, que ya estaban algo sobresaltados, y Monipodio salió a la puerta, donde halló al alguacil, con el cual estuvo hablando un rato, y luego volvió a entrar Monipodio y preguntó:

à ne point faire d'offices mineurs dans tout le cours de cette année, c'est-à-dire à ne point porter de commission à quelque frère majeur, à la prison ou chez lui, de la part de ses contribuants ; à humer le turc pur[1] ; à faire ripaille, où, quand et comme il leur plairait, sans demander permission au supérieur ; à entrer immédiatement en partage dans ce que les frères majeurs apporteraient à la masse, comme eux-mêmes ; et, finalement, en plusieurs autres choses que les nouveaux venus tinrent à faveur signalée, et dont les autres leur firent compliment dans les termes les plus polis.

Sur ces entrefaites, entre en courant un jeune garçon, tout essoufflé, tout haletant.

— L'alguazil des vagabonds, dit-il, vient en droiture à cette maison ; mais il n'amène pas de *gurullade*[2] avec lui.

— Que personne ne s'effraie, s'écria Monipodio ; c'est un ami, et jamais il ne vient pour nous nuire. Remettez-vous, je vais aller lui parler.

Tous se remirent, en effet, car ils s'étaient un peu alarmés, et Monipodio, sortant sur le seuil de la porte, y trouva l'alguazil, avec lequel il resta quelques moments à causer. Bientôt Monipodio revint.

---

1. Boire le vin pur.

2. Quadrille de recors ou de soldats de la maréchaussée.

-¿A quién le cupo hoy la plaza de San Salvador?

-A mí -dijo el de la guía.

-Pues ¿cómo -dijo Monipodio- no se me ha manifestado una bolsilla de ámbar que esta mañana en aquel paraje dio al traste con quince escudos de oro y dos reales de a dos y no sé cuántos cuartos?

-Verdad es -dijo la guía- que hoy faltó esa bolsa, pero yo no la he tomado, ni puedo imaginar quién la tomase.

-¡No hay levas conmigo! -replicó Monipodio-. ¡La bolsa ha de parecer, porque la pide el alguacil, que es amigo y nos hace mil placeres al año!

Tornó a jurar el mozo que no sabía della. Comenzóse a encolerizar Monipodio, de manera que parecía que fuego vivo lanzaba por los ojos, diciendo:

-¡Nadie se burle con quebrantar la más mínima cosa de nuestra orden, que le costará la vida! Manifiéstese la cica; y si se encubre por no pagar los derechos, yo le daré enteramente lo que le toca y pondré lo demás de mi casa; porque en todas maneras ha de ir contento el alguacil.

— Qui était de garde aujourd'hui, demanda-t-il, à la place San-Salvador ?

— Moi, répondit l'introducteur.

— Eh bien ! reprit Monipodio, comment n'avez-vous pas signalé une bourse d'ambre qui, ce matin, dans cet endroit, a fait naufrage avec quinze écus d'or, deux doubles réaux, et je ne sais combien de maravédis ?

— Il est vrai, reprit le guide, qu'aujourd'hui cette bourse a disparu ; mais ce n'est pas moi qui l'ai prise, et je ne puis imaginer qui a pu la prendre.

— Pas de chansons avec moi, répliqua Monipodio ; la bourse doit se trouver, puisque l'alguazil la demande et que c'est un ami, qui nous rend chaque année mille petits services.

Le portefaix jura de nouveau qu'il ne savait pas ce qu'elle était devenue. Mais Monipodio entra dans un tel accès de colère qu'il paraissait jeter feu et flammes par les yeux.

« Que personne ne s'avise, s'écria-t-il, de violer le plus petit règlement de notre ordre ; il lui en coûterait la vie. Que la *cica*[1] se trouve, et si quelqu'un la recèle pour ne pas payer les droits, je lui donnerai toute la part qui lui revient, et je mettrai le reste de ma poche, car il faut à tout prix que l'alguazil s'en aille content. »

---

1. La bourse.

Tornó de nuevo a jurar el mozo y a maldecirse, diciendo que él no había tomado tal bolsa ni vístola de sus ojos; todo lo cual fue poner más fuego a la cólera de Monipodio, y dar ocasión a que toda la junta se alborotase, viendo que se rompían sus estatutos y buenas ordenanzas.

Viendo Rinconete, pues, tanta disensión y alboroto, parecióle que sería bien sosegalle y dar contento a su mayor, que reventaba de rabia; y, aconsejándose con su amigo Cortadilo, con parecer de entrambos, sacó la bolsa del sacristán y dijo:

-Cese toda cuestión, mis señores, que ésta es la bolsa, sin faltarle nada de lo que el alguacil manifiesta; que hoy mi camarada Cortadillo le dio alcance, con un pañuelo que al mismo dueño se le quitó por añadidura.

Luego sacó Cortadillo el pañizuelo y lo puso de manifiesto; viendo lo cual, Monipodio dijo:

-Cortadillo el Bueno, que con este título y renombre ha de quedar de aquí adelante, se quede con el pañuelo y a mi cuenta se quede la satisfación deste servicio; y la bolsa se ha de llevar el alguacil, que es de un sacristán pariente suyo, y conviene que se cumpla aquel refrán que dice: «No es mucho que a quien te da la gallina entera, tú des una pierna della».

Le portefaix recommença pour la troisième fois son serment, l'accompagnant de malédictions sur lui-même, et disant qu'il n'avait ni pris ni vu prendre cette bourse. Tout cela ne faisait qu'enflammer davantage la fureur de Monipodio, et l'assemblée entière s'en émut, voyant qu'on violait ses statuts et ses sages règlements.

À la vue de ces dissensions et de ce tumulte, Rinconète s'imagina qu'il serait bon de calmer ses confrères et de donner satisfaction à leur supérieur, qui bouillonnait de rage. Il entra en conseil avec son ami Cortadillo, et étant tombés d'accord, il tira la bourse du sacristain.

« Cessez tout ce tapage, mon seigneur, s'écria-t-il ; voici la bourse, sans qu'il lui manque rien de ce qu'annonce l'alguazil. Aujourd'hui mon camarade Cortadillo l'a attrapée, avec ce mouchoir qu'il a pris au même maître par-dessus le marché. »

Aussitôt Cortadillo tira de son sein le mouchoir, et le mit en évidence. À cette vue, Monipodio s'écria :

« Cortadillo-le-Bon, car ce titre et ce surnom vous restera désormais, gardez le mouchoir, et je prends à ma charge le paiement de ce service. Quant à la bourse, l'alguazil va l'emporter, car elle appartient à un sacristain de ses parents, et il est juste d'accomplir à son égard le proverbe qui dit : "À celui qui te donne la poule entière, tu peux bien lui en donner une patte."

Más disimula este buen alguacil en un día que nosotros le podremos ni solemos dar en ciento.

De común consentimiento aprobaron todos la hidalguía de los dos modernos y la sentencia y parecer de su mayoral, el cual salió a dar la bolsa al alguacil; y Cortadillo se quedó confirmado con el renombre de Bueno, bien como si fuera don Alonso Pérez de Guzmán el Bueno, que arrojó el cuchillo por los muros de Tarifa para degollar a su único hijo.

Al volver, que volvió, Monipodio, entraron con él dos mozas, afeitados los rostros, llenos de color los labios y de albayalde los pechos, cubiertas con medios mantos de anascote, llenas de desenfado y desvergüenza: señales claras por donde, en viéndolas Rinconete y Cortadillo, conocieron que eran de la casa llana; y no se engañaron en nada. Y, así como entraron, se fueron con los brazos abiertos, la una a Chiquiznaque y la otra a Maniferro, que éstos eran los nombres de los dos bravos; y el de Maniferro era porque traía una mano de hierro,

Ce bon alguazil laisse passer à nous plus de choses en un jour que nous ne pouvons, ni ne pensons lui en donner en cent. »

Tous les assistants, d'un avis unanime, approuvèrent le procédé noble et délicat des deux nouveaux frères, ainsi que la sentence et la résolution de leur supérieur, lequel alla donner la bourse à l'alguazil. Pour Cortadillo, il fut confirmé avec le titre de *bon*, tout comme s'il se fût agi de Don Alonzo Ferez de Guzman, surnommé le *bon*, qui jeta du haut des murs de Tarifa la dague pour égorger son fils unique[1].

Au retour de Monipodio, deux filles entrèrent avec lui, le visage fardé, les lèvres couvertes de carmin et la gorge de blanc de céruse, des demi-mantes de camelot sur les épaules, libres, hardies, dévergondées. À de si claires enseignes, Rinconète et Cortadillo reconnurent an premier coup d'œil qu'elles étaient du métier galant, et certes ils ne se trompaient pas. Dès qu'elles furent entrées, elles allèrent toutes deux, les bras ouverts, l'une à Chiquinazque, l'autre à Maniferro : tels étaient les noms des deux braves, et celui de Maniferro lui avait été donné parce qu'il portait une main de fer,

---

1. En 1294, l'infant Don Juan de Castille, frère révolté de Sancho IV, assiégeait, avec une armée musulmane, la ville de Tarifa. Il apprit qu'un jeune fils du gouverneur Alonzo Peres de Guzman était en nourrice dans un village voisin. Il l'envoya prendre, le porta au pied des murailles, fit appeler Guzman, et le menaça, s'il n'ouvrait sur-le-champ les portes de la place, de faire périr son fils à ses yeux. Le père, pour toute réponse, détacha son épée et la jeta au prince, qui eut la barbarie d'en percer l'enfant.

en lugar de otra que le habían cortado por justicia. Ellos las abrazaron con grande regocijo, y les preguntaron si traían algo con que mojar la canal maestra.

-Pues, ¿había de faltar, diestro mío? -respondió la una, que se llamaba la Gananciosa-. No tardará mucho a venir Silbatillo, tu trainel, con la canasta de colar atestada de lo que Dios ha sido servido.

Y así fue verdad, porque al instante entró un muchacho con una canasta de colar cubierta con una sábana.

Alegráronse todos con la entrada de Silbato, y al momento mandó sacar Monipodio una de las esteras de enea que estaban en el aposento, y tenderla en medio del patio. Y ordenó, asimismo, que todos se sentasen a la redonda; porque, en cortando la cólera, se trataría de lo que mas conviniese. A esto, dijo la vieja que había rezado a la imagen:

-Hijo Monipodio, yo no estoy para fiestas, porque tengo un vaguido de cabeza, dos días ha, que me trae loca; y más, que antes que sea mediodía tengo de ir a cumplir mis devociones y poner

au lieu de l'une des siennes, qu'on lui avait coupée par autorité de justice. Ils embrassèrent joyeusement les deux donzelles, et leur demandèrent si elles apportaient de quoi humecter la maîtresse voie.

« Comment donc ! cela pouvait-il manquer, mon brétailleur ? répondit l'une d'elles, qui s'appelait la Gananciosa[1]. Silvatillo, ton goujat[2], ne tardera pas à venir avec le panier à lessive, farci de ce qu'il plaira à Dieu. »

Cette promesse n'était pas vaine, car à l'instant même entra un jeune garçon chargé d'un panier à lessive couvert avec un drap de lit. L'arrivée de Silvato mit tout le monde en belle humeur, et Monipodio donna sur-le-champ l'ordre d'apporter, de la chambre basse, une des nattes de jonc, et de l'étendre au milieu de la cour ; puis, il ordonna que tous les confrères s'assissent a la ronde, disant qu'après qu'on aurait coupé la colère, on parlerait de ce qui ferait plaisir. À cet ordre, la vieille qui avait récité son chapelet devant la sainte image s'approcha.

« Mon fils Monipodio, dit-elle, je ne suis pas en train de fête aujourd'hui, car j'ai depuis deux jours une migraine qui me rend folle. D'ailleurs, avant qu'il soit midi, je dois aller faire mes dévotions et offrir

---

1. La Gagneuse.

2. En espagnol *trainel*, valet de rufian.

mis candelicas a Nuestra Señora de las Aguas y al Santo Crucifijo de Santo Agustín, que no lo dejaría de hacer si nevase y ventiscase. A lo que he venido es que anoche el Renegado y Centopiés llevaron a mi casa una canasta de colar, algo mayor que la presente, llena de ropa blanca; y en Dios y en ni ánima que venía con su cernada y todo, que los pobretes no debieron de tener lugar de quitalla, y venían sudando la gota tan gorda, que era una compasión verlos entrar ijadeando y corriendo agua de sus rostros, que parecían unos angelicos. Dijéronme que iban en seguimiento de un ganadero que había pesado ciertos carneros en la Carnicería, por ver si le podían dar un tiento en un grandísimo gato de reales que llevaba. No desembanastaron ni contaron la ropa, fiados en la entereza de mi conciencia; y así me cumpla Dios mis buenos deseos y nos libre a todos de poder de justicia, que no he tocado a la canasta, y que se está tan entera como cuando nació.

mes petits cierges à Notre-Dame des Eaux et au saint crucifix de saint Augustin, ce que je ne manquerais pas de faire quand même il tomberait de la neige et du verglas. Ce qui m'amène ici, c'est qu'hier soir le Renégat et Centopiès[1] apportèrent chez moi un panier à lessive, un peu plus grand que celui-ci, tout plein de linge blanc ; et en mon âme et conscience, ce panier avait encore toute sa charrée. Ces pauvres enfants n'avaient pas eu le temps de la jeter là ; aussi suaient-ils à si grosses gouttes, que c'était une compassion de les voir entrer tout haletants et la figure ruisselant d'eau, si bien qu'ils semblaient de petits chérubins. Ils me dirent qu'ils étaient à la poursuite d'un marchand de bétail qui avait fait peser quelques moutons à la boucherie, pour voir s'ils ne pourraient faire une caresse à un grand chat[2] plein de réaux que portait le marchand. Alors, ils ne comptèrent pas le linge, et ne l'ôtèrent point du panier, se fiant à la délicatesse de ma conscience ; et aussi bien Dieu exauce mes bons souhaits et nous préserve tous de tomber au pouvoir de la justice, que je n'ai pas touché au panier à lessive, et qu'il est aussi intact qu'en venant au monde.

---

1. Cent pieds.

2. Bourse en peau de chat.

-Todo se le cree, señora madre -respondió Monipodio-, y estése así la canasta, que yo iré allá, a boca de sorna, y haré cala y cata de lo que tiene, y daré a cada uno lo que le tocare, bien y fielmente, como tengo de costumbre.

-Sea como vos lo ordenáredes, hijo -respondió la vieja-; y, porque se me hace tarde, dadme un traguillo, si tenéis, para consolar este estómago, que tan desmayado anda de contino.

-Y ¡qué tal lo beberéis, madre mía! -dijo a esta sazón la Escalanta, que así se llamaba la compañera de la Gananciosa.

Y, descubriendo la canasta, se manifestó una bota a modo de cuero, con hasta dos arrobas de vino, y un corcho que podría caber sosegadamente y sin apremio hasta una azumbre; y, llenándole la Escalanta, se le puso en las manos a la devotísima vieja, la cual, tomándole con ambas manos y habiéndole soplado un poco de espuma, dijo:

-Mucho echaste, hija Escalanta, pero Dios dará fuerzas para todo.

Y, aplicándosele a los labios, de un tirón, sin tomar aliento, lo trasegó del corcho al estómago, y acabó diciendo:

— Nous n'en doutons pas, respectable mère, répondit Monipodio ; gardez le panier là-bas, j'irai le chercher à la tombée de la nuit, j'en ferai l'inventaire, et je donnerai à chacun ce qui lui revient, bien et fidèlement, comme j'ai coutume de faire.

— Qu'il en soit comme vous l'ordonnez, mon fils, répondit la vieille, et, puisqu'il se fait tard, donnez-moi à boire un coup, si vous avez de quoi, pour consoler ce pauvre estomac, qui tombe à chaque minute en défaillance.

— Qu'à cela ne tienne, s'il vous faut à boire, ma mère ! s'écria la Escalanta (ainsi s'appelait la compagne de la Gananciosa).

Puis, découvrant le panier, elle mit en évidence une outre, à la façon de celles qu'on fait de deux peaux de bouc, pleine d'au moins trente pintes de vin, et une tasse en liège qui pouvait tenir paisiblement et sans effort jusqu'à deux bouteilles. La Escalanta remplit la tasse et la remit à la dévote vieille, qui la prit à deux mains, souffla un peu d'écume, et s'écria :

« Tu en as versé beaucoup, ma fille Escalanta ; mais Dieu me donnera des forces. »

Puis, appliquant la tasse à ses lèvres, d'un trait et sans reprendre haleine, elle se versa tout dans l'estomac. Quand elle eut fini :

-De Guadalcanal es, y aun tiene un es no es de yeso el señorico. Dios te consuele, hija, que así me has consolado; sino que temo que me ha de hacer mal, porque no me he desayunado.

-No hará, madre -respondió Monipodio-, porque es trasañejo.

-Así lo espero yo en la Virgen -respondió la Vieja.

Y añadió:

-Mirad, niñas, si tenéis acaso algún cuarto para comprar las candelicas de mi devoción, porque, con la priesa y gana que tenía de venir a traer las nuevas de la canasta, se me olvidó en casa la escarcela.

-Yo sí tengo, señora Pipota -(que éste era el nombre de la buena vieja) respondió la Gananciosa-; tome, ahí le doy dos cuartos: del uno le ruego que compre una para mí, y se la ponga al señor San Miguel; y si puede comprar dos, ponga la otra al señor San Blas, que son mis abogados. Quisiera que pusiera otra a la señora Santa Lucía, que, por lo de los ojos, también le tengo devoción, pero no tengo trocado; mas otro día habrá donde se cumpla con todos.

— Il est de Guadalcanal, dit-elle, ce petit monsieur, et même il empâte un peu la bouche. Dieu te console, ma fille, comme tu m'as consolée. Mais seulement j'ai peur qu'il ne me fasse mal, parce que je suis encore à jeun.

— Non, mère, il n'en fera rien, reprit Monipodio, car il a pour le moins ses trois ans.

— Je l'espère en la sainte Vierge, répliqua la vieille.

Puis, elle ajouta :

— Voyez donc, petites filles, si vous auriez par hasard quelques maravédis pour acheter les cierges de ma dévotion ; je me suis si pressée d'apporter les nouvelles du panier à lessive, que j'ai oublié à la maison mon escarcelle.

— Oui, j'en ai, dame Pipota (c'était le nom de la bonne vieille), répondit la Gananciosa ; tenez, voici deux *cuartos* ; avec l'un, je vous prie d'acheter un cierge pour moi, et de l'offrir au seigneur saint Michel ; si vous pouvez en acheter deux, vous mettrez l'autre au seigneur saint Biaise : ce sont mes avocats. Je voudrais encore que vous en missiez un autre à madame sainte Lucie, car, à propos des yeux, je lui ai aussi grande dévotion ; mais je n'ai pas de monnaie ; un autre jour, nous nous mettrons en règle avec tout le monde.

-Muy bien harás, hija, y mira no seas miserable; que es de mucha importancia llevar la persona las candelas delante de sí antes que se muera, y no aguardar a que las pongan los herederos o albaceas.

-Bien dice la madre Pipota -dijo la Escalanta.

Y, echando mano a la bolsa, le dio otro cuarto y le encargó que pusiese otras dos candelicas a los santos que a ella le pareciesen que eran de los más aprovechados y agradecidos. Con esto, se fue la Pipota, diciéndoles:

-Holgaos, hijos, ahora que tenéis tiempo; que vendrá la vejez y lloraréis en ella los ratos que perdistes en la mocedad, como yo los lloro; y encomendadme a Dios en vuestras oraciones, que yo voy a hacer lo mismo por mí y por vosotros, porque Él nos libre y conserve en nuestro trato peligroso, sin sobresaltos de justicia.

Y con esto, se fue.

Ida la vieja, se sentaron todos alrededor de la estera, y la Gananciosa tendió la sábana por manteles; y lo primero que sacó de la cesta fue un grande haz de rábanos y hasta dos docenas de naranjas y limones, y luego una cazuela grande llena de tajadas de bacallao frito. Manifestó luego medio queso de Flandes, y una olla de famosas aceitunas,

— Ce sera fort bien fait, ma fille, reprit la vieille ; allons, ne sois pas chiche ; il est bien important qu'on porte ses cierges devant soi avant l'heure de la mort, plutôt que d'attendre qu'ils soient offerts par les héritiers ou les exécuteurs testamentaires.

— Bien dit, mère Pipota, s'écria la Escalanta.

Et, mettant la main dans sa poche, elle en tira un autre *cuarto* qu'elle donna à la vieille, en la chargeant d'offrir deux autres petits cierges aux saints qui lui sembleraient devoir être les plus avantageux et les plus reconnaissants. Sur cela, la Pipota partit, en disant : « Enfants, divertissez vous bien, maintenant qu'il en est temps pour vous ; la vieillesse viendra, et vous pleurerez, comme je les pleure, les moments que vous aurez perdus dans la jeunesse. Priez Dieu pour moi dans vos oraisons ; je vais faire de même, pour moi et pour vous, afin qu'il nous protège et nous conserve dans notre dangereux métier, sans alarmes de la justice.

La vieille partie, tous les autres s'assirent à l'entour de la natte de jonc, sur laquelle la Gananciosa étendit le drap en guise de nappe. La première chose qu'elle tira du panier, ce fut une grosse botte de radis et deux douzaines d'oranges et de limons ; puis une grande casserole pleine de tranches de merluche frite ; puis un demi-fromage de Hollande, un pot d'excellentes olives,

y un plato de camarones, y gran cantidad de cangrejos, con su llamativo de alcaparrones ahogados en pimientos, y tres hogazas blanquísimas de Gandul. Serían los del almuerzo hasta catorce, y ninguno dellos dejó de sacar su cuchillo de cachas amarillas, si no fue Rinconete, que sacó su media espada. A los dos viejos de bayeta y a la guía tocó el escanciar con el corcho de colmena. Mas, apenas habían comenzado a dar asalto a las naranjas, cuando les dio a todos gran sobresalto los golpes que dieron a la puerta. Mandóles Monipodio que se sosegasen, y, entrando en la sala baja y descolgando un broquel, puesto mano a la espada, llegó a la puerta y con voz hueca y espantosa preguntó:

-¿Quién llama?

Respondieron de fuera:

-Yo soy, que no es nadie, señor Monipodio: Tagarete soy, centinela desta mañana, y vengo a decir que viene aquí Juliana la Cariharta, toda desgreñada y llorosa, que parece haberle sucedido algún desastre.

En esto llegó la que decía, sollozando, y, sintiéndola Monipodio, abrió la puerta, y mandó a Tagarete

un plat de crabes et d'écrevisses avec leur sauce de câpres au piment, et deux miches de pain blanc de Gandul. Les convives du déjeuner étaient au nombre de quatorze ; chacun d'eux tira son couteau à manche de bois, excepté pourtant Rinconète qui prit sa demi-dague. Les deux vieillards en serge noire et l'introducteur furent chargés de verser à boire dans la tasse de liège. Mais à peine les convives avaient-ils commencé à donner l'assaut aux oranges, que de grands coups frappés à la porte leur donnèrent l'alarme en sursaut. Monipodio leur ordonna de se tenir tranquilles ; il entra dans la salle basse, décrocha un bouclier, mit l'épée à la main, et, s'approchant de la porte, demanda d'une voix creuse et formidable :

— Qui frappe là ?

— Personne ; ce n'est que moi, seigneur Monipodio, répondit-on du dehors. Je suis Tagarote[1] la sentinelle de ce matin, et je viens vous dire que voici Juliana la Cariharta[2] qui vient tout échevelée et tout éplorée, comme s'il lui était arrivé quelque désastre.

En ce moment, arriva, poussant des sanglots, celle qu'annonçait la sentinelle. Monipodio l'entendit, et lui ouvrit la porte. Il ordonna à Tagarote

---

1. Escogriffe.

2. La Joufflue.

que se volviese a su posta y que de allí adelante avisase lo que viese con menos estruendo y ruido. Él dijo que así lo haría. Entró la Cariharta, que era una moza del jaez de las otras y del mismo oficio. Venía descabellada y la cara llena de tolondrones, y, así como entró en el patio, se cayó en el suelo desmayada. Acudieron a socorrerla la Gananciosa y la Escalanta, y, desabrochándola el pecho, la hallaron toda denegrida y como magullada. Echáronle agua en el rostro, y ella volvió en sí, diciendo a voces:

-¡La justicia de Dios y del Rey venga sobre aquel ladrón desuellacaras, sobre aquel cobarde bajamanero, sobre aquel pícaro lendroso, que le he quitado más veces de la horca que tiene pelos en las barbas! ¡Desdichada de mí! ¡Mirad por quién he perdido y gastado mi mocedad y la flor de mis años, sino por un bellaco desalmado, facinoroso e incorregible!

-Sosiégate, Cariharta -dijo a esta sazón Monipodio-, que aquí estoy yo que te haré justicia. Cuéntanos tu agravio, que más estarás tú en contarle que yo en hacerte vengada; dime si has habido algo con tu respecto; que si así es y quieres venganza, no has menester más que boquear.

de retourner à son poste, et lui recommanda de donner désormais avis de ce qu'il verrait avec moins de bruit et de tapage ; ce que l'autre promit de faire. Pendant ce colloque, était entrée la Cariharta, fille de la même espèce et du même métier que les autres ; elle venait les cheveux au vent, la figure pleine de bosses et de contusions, et dès qu'elle entra dans la cour, elle se laissa tomber par terre, évanouie. La Gananciosa et la Escalanta s'empressèrent de lui porter secours, et lui ayant délacé sa robe, elles lui trouvèrent la poi trine noire et meurtrie. Elles lui jetèrent de l'eau au visage, et la pauvre fille revint à elle en s'écriant :

— Que la justice de Dieu et du roi tombe sur ce voleur effronté, sur ce lâche filou, sur ce coquin pouilleux, que j'ai sauvé plus de fois de la potence qu'il n'a de poils dans la barbe ! Malheureuse que je suis ! voyez un peu pour qui j'ai perdu ma jeunesse et gâté la fleur de mes années, si ce n'est pour un vaurien dénaturé, scélérat et incorrigible.

— Calme-toi, Cariharta, dit alors Monipodio, je suis ici pour te rendre justice. Conte-nous ton grief. Tu mettras plus de temps à le dire, que moi à t'en venger. Dis-moi, est-ce que tu as eu quelque démêlé avec ton porte-respect ? si cela est, et que tu veuilles une bonne vengeance, tu n'as qu'à ouvrir la bouche.

-¿Qué respecto? -respondió Juliana-. Respectada me vea yo en los infiernos, si más lo fuere de aquel león con las ovejas y cordero con los hombres. ¿Con aquél había yo de comer más pan a manteles, ni yacer en uno? Primero me vea yo comida de adivas estas carnes, que me ha parado de la manera que ahora veréis.

Y, alzándose al instante las faldas hasta la rodilla, y aun un poco más, las descubrió llenas de cardenales.

-Desta manera -prosiguió- me ha parado aquel ingrato del Repolido, debiéndome más que a la madre que le parió. Y ¿por qué pensáis que lo ha hecho? ¡Montas, que le di yo ocasión para ello! No, por cierto, no lo hizo más sino porque, estando jugando y perdiendo, me envió a pedir con Cabrillas, su trainel, treinta reales, y no le envié más de veinte y cuatro, que el trabajo y afán con que yo los había ganado ruego yo a los cielos que vaya en descuento de mis pecados. Y, en pago desta cortesía y buena obra, creyendo él que yo le sisaba algo de la cuenta que él allá en su imaginación había hecho de lo que yo podía tener, esta mañana me sacó al campo, detrás de la Güerta del Rey, y allí, entre unos olivares,

— Quel porte-respect ? répondit Juliana. J'aimerais mieux me voir respectée dans les enfers, que de l'être de ce lion avec les brebis, de cet agneau avec les hommes. Est-ce que je voudrais plus longtemps manger avec lui pain sur nappe et coucher au même nid ? Ah bien oui ! je verrais plutôt manger du loup ces chairs qu'il m'a mises en l'état que vous allez voir.

Et retroussant aussitôt ses jupes jusqu'au genou, et même un peu plus haut, elle se fit voir toute couverte de boue et de meurtrissures.

« Voilà, continua-t-elle, comment m'a arrangée cet ingrat de Repolido[1], qui m'a plus d'obligations qu'à la mère qui l'a mis au monde. Et pourquoi pensez-vous qu'il l'a fait ? Est-ce que je lui en ai donné le motif ? Non vraiment. Il l'a fait, parce qu'étant à jouer et à perdre, il m'envoya demander par Cabrillas, son goujat, trente réaux, et je ne lui en envoyai que vingt-quatre. Et je prie le Ciel que la peine qu'ils m'ont coûté à les gagner vienne un jour en déduction de mes péchés. Si bien qu'en récompense de cette courtoisie et de cette bonne œuvre, comme il crut que je lui soufflais quelque chose de ce qu'il se figurait en son imagination que je pouvais avoir, ce matin il m'a menée aux champs, plus loin que le Jardin du roi ; là, derrière des oliviers,

1. Pomponné, requinqué.

me desnudó, y con la petrina, sin escusar ni recoger los hierros, que en malos grillos y hierros le vea yo, me dio tantos azotes que me dejó por muerta. De la cual verdadera historia son buenos testigos estos cardenales que miráis.

Aquí tornó a levantar las voces, aquí volvió a pedir justicia, y aquí se la prometió de nuevo Monipodio y todos los bravos que allí estaban. La Gananciosa tomó la mano a consolalla, diciéndole que ella diera de muy buena gana una de las mejores preseas que tenía porque le hubiera pasado otro tanto con su querido.

-Porque quiero -dijo- que sepas, hermana Cariharta, si no lo sabes, que a lo que se quiere bien se castiga; y cuando estos bellacones nos dan, y azotan y acocean, entonces nos adoran; si no, confiésame una verdad, por tu vida: después que te hubo Repolido castigado y brumado, ¿no te hizo alguna caricia?

-¿Cómo una? -respondió la llorosa-. Cien mil me hizo, y diera él un dedo de la mano porque me fuera con él a su posada; y aun me parece que casi se le saltaron las lágrimas de los ojos después de haberme molido.

il m'a déshabillée toute nue, et avec sa ceinture de cuir, sans en ôter la boucle en fer (que ne puis-je le voir dans les fers et les chaînes !), il m'a donné tant de coups, qu'il m'a laissée pour morte. De cette véritable histoire, voilà des marques et des contusions qui sont de bons témoins. »

Ici la fille recommença à demander justice, et Monipodio à la lui promettre, ainsi que tous les braves qui se trouvaient là. La Gananciosa prit à tâche de la consoler.

— Je donnerais bien volontiers, lui dit-elle, une de mes meilleures nippes, pour qu'il m'en fût arrivé autant avec mon bon ami ; car il faut que tu saches, ma sœur Cariharta, si déjà tu ne le sais, que celui qui aime bien châtie bien. Quand ces vauriens nous donnent des taloches et des horions, c'est qu'ils nous adorent. Sinon, dis la vérité, par ta vie : n'est-il pas vrai qu'après t'avoir battue et meurtrie, le Ripolido t'a fait quelque caresse ?

— Comment quelqu'une ! répondit la pleureuse ; il m'en a fait cent mille. Il aurait donné un doigt de sa main pour que je le suivisse à son logis ; et je crois même que les larmes lui sont presque venues aux yeux après qu'il m'eut bien rossée.

-No hay dudar en eso -replicó la Gananciosa-. Y lloraría de pena de ver cuál te había puesto; que en estos tales hombres, y en tales casos, no han cometido la culpa cuando les viene el arrepentimiento; y tú verás, hermana, si no viene a buscarte antes que de aquí nos vamos, y a pedirte perdón de todo lo pasado, rindiéndosete como un cordero.

-En verdad -respondió Monipodio- que no ha de entrar por estas puertas el cobarde envesado, si primero no hace una manifiesta penitencia del cometido delito. ¿Las manos había él de ser osado ponerlas en el rostro de la Cariharta, ni en sus carnes, siendo persona que puede competir en limpieza y ganancia con la misma Gananciosa que está delante, que no lo puedo más encarecer?

-¡Ay! -dijo a esta sazón la Juliana-. No diga vuesa merced, señor Monipodio, mal de aquel maldito, que con cuán malo es, le quiero más que a las telas de mi corazón, y hanme vuelto el alma al cuerpo las razones que en su abono me ha dicho mi amiga la Gananciosa, y en verdad que estoy por ir a buscarle.

-Eso no harás tú por mi consejo -replicó la Gananciosa-, porque se estenderá y ensanchará y hará tretas en ti como en cuerpo muerto. Sosiégate, hermana,

— Il n'en faut pas douter, repartit la Gananciosa ; il aura pleuré de la peine de voir on quel état il t'avait mise. Pour de tels hommes, et en de telles occasions, ils n'ont pas commis la faute, que déjà le repentir leur vient. Tu verras, sœur, s'il ne vient pas te chercher avant que nous sortions d'ici, et te demander pardon de tout le passé, humble et doux comme un agneau.

— En vérité, s'écria Monipodio, ce lâche gredin n'entrera point par cette porte avant d'avoir fait une éclatante pénitence du crime qu'il a commis. Devait-il être assez osé pour mettre la main sur le visage de la Cariharta, et sur ses chairs, quand c'est une personne qui peut le disputer en propreté et en savoir-faire avec la Gananciosa elle-même, ici présente, ce qui est tout ce que je puis dire de plus fort ?

— Hélas ! répondit la Juliana, que votre grâce, seigneur Monipodio, ne dise pas tant de mal de ce maudit ; tout méchant qu'il est, je l'aime comme l'enveloppe de mon cœur, et les propos que m'a dits en sa faveur mon amie la Gananciosa m'ont remis l'âme dans le corps. En vérité, si je m'en croyais, je l'irais chercher.

— Non, c'est ce que tu ne feras point, par mon conseil, répliqua la Gananciosa, car autrement, il fera l'important, l'orgueilleux, et te travaillera comme un corps mort. Tiens-toi tranquille, sœur ;

que antes de mucho le verás venir tan arrepentido como he dicho; y si no viniere, escribirémosle un papel en coplas que le amargue.

-Eso sí -dijo la Cariharta-, que tengo mil cosas que escribirle.

-Yo seré el secretario cuando sea menester -dijo Monipodio-; y, aunque no soy nada poeta, todavía, si el hombre se arremanga, se atreverá a hacer dos millares de coplas en daca las pajas, y, cuando no salieren como deben, yo tengo un barbero amigo, gran poeta, que nos hinchirá las medidas a todas horas; y en la de agora acabemos lo que teníamos comenzado del almuerzo, que después todo se andará.

Fue contenta la Juliana de obedecer a su mayor; y así, todos volvieron a su gaudeamus, y en poco espacio vieron el fondo de la canasta y las heces del cuero. Los viejos bebieron sine fine; los mozos adunia; las señoras, los quiries. Los viejos pidieron licencia para irse. Diósela luego Monipodio, encargándoles viniesen a dar noticia con toda puntualidad de todo aquello que viesen ser útil y conveniente a la comunidad. Respondieron que ellos se lo tenían bien en cuidado y fuéronse.

avant peu, tu le verras venir, aussi repentant que je te l'ai dit. S'il ne revient pas, nous lui écrirons un papier en couplets qui lui fera de la peine.

— C'est cela même, dit la Cariharta, car j'ai mille choses à lui écrire.

— Je serai le secrétaire, quand il en sera besoin, s'écria Monipodio, et quoique je ne sois guère poëte, cependant, si l'on retrousse ses manches, on vous défilera deux milliers de couplets en un tour de main ; et si les couplets n'arrivent pas comme ils doivent, j'ai pour ami un barbier, grand poëte, qui nous enflera la mesure à toutes les heures du jour ; quant à celle d'à présent, achevons le déjeuner, et tout se fera plus tard.

La Juliana se résigna et obéit à son supérieur. Alors ils se remirent tous à leur *gaudeamus,* si bien qu'ils virent promptement le fond du panier et sentirent la lie de l'outre. Les vieux avaient bu *sine fine,* les jeunes tout leur soûl, et les dames jusqu'à battre les murs. Les deux vieillards demandèrent la permission. de s'en aller ; Monipodio la leur donna, mais en les chargeant de venir bien ponctuellement rendre compte de tout ce qu'ils verraient d'utile et de profitable à la communauté. Ils répondirent qu'ils n'y manqueraient pas, et s'en allèrent.

Rinconete, que de suyo era curioso, pidiendo primero perdón y licencia, preguntó a Monipodio que de qué servían en la cofradía dos personajes tan canos, tan graves y apersonados. A lo cual respondió Monipodio que aquéllos, en su germanía y manera de hablar, se llamaban avispones, y que servían de andar de día por toda la ciudad avispando en qué casas se podía dar tiento de noche, y en seguir los que sacaban dinero de la Contratación o Casa de la Moneda, para ver dónde lo llevaban, y aun dónde lo ponían; y, en sabiéndolo, tanteaban la groseza del muro de la tal casa y diseñaban el lugar más conveniente para hacer los guzpátaros -que son agujeros- para facilitar la entrada. En resolución, dijo que era la gente de más o de tanto provecho que había en su hermandad, y que de todo aquello que por su industria se hurtaba llevaban el quinto, como Su Majestad de los tesoros; y que, con todo esto, eran hombres de mucha verdad, y muy honrados, y de buena vida y fama, temerosos de Dios y de sus conciencias, que cada día oían misa con estraña devoción. Y hay dellos tan comedidos, especialmente estos dos que de aquí se van agora, que se contentan con mucho menos de lo que por nuestros aranceles les toca.

Rinconète, qui était naturellement curieux, après avoir obtenu la permission de parler, demanda à Monipodio à quoi servaient dans la confrérie deux personnages si chauves, si graves et si compassés. « Ceux-ci, répondit Monipodio, s'appellent dans notre argot, ou façon de parler, les *frélons*[1]. Ils servent à fureter de jour par toute la ville, observant à quelle maison l'on peut donner assaut la nuit ; à suivre ceux qui reçoivent de l'argent au trésor ou à la monnaie, pour voir où ils l'emportent, et même où ils le cachent. Quand ils le savent, ils mesurent l'épaisseur de la muraille de cette maison, et marquent la place la plus convenable pour faire les *guzpataros*, c'est-à-dire les trous au mur, qui doivent faciliter l'entrée. Enfin, ce sont des gens aussi utiles qu'il y en ait dans toute la confrérie. Sur tout ce qu'on vole par leur moyen, ils prélèvent le cinquième, comme Sa Majesté sur les trésors découverts. Avec tout cela, ce sont des hommes d'une grande sincérité et de grande droiture, qui mènent une bonne vie et qui ont bonne réputation, craignant Dieu et leur conscience, au point que chaque jour ils entendent la messe avec une dévotion exemplaire. Il y en a parmi eux de si bien élevés, spécialement ces deux qui viennent de sortir, qu'ils se contentent de beaucoup moins que ce qui leur revient d'après nos tarifs.

---

1. *Abispones.*

Otros dos que hay son palanquines, los cuales, como por momentos mudan casas, saben las entradas y salidas de todas las de la ciudad, y cuáles pueden ser de provecho y cuáles no.

-Todo me parece de perlas -dijo Rinconete-, y querría ser de algún provecho a tan famosa cofradía.

-Siempre favorece el cielo a los buenos deseos -dijo Monipodio.

Estando en esta plática, llamaron a la puerta; salió Monipodio a ver quién era, y, preguntándolo, respondieron:

-Abra voacé, sor Monipodio, que el Repolido soy.

Oyó esta voz Cariharta y, alzando al cielo la suya, dijo:

-No le abra vuesa merced, señor Monipodio; no le abra a ese marinero de Tarpeya, a este tigre de Ocaña.

Il y en a deux autres qui sont crocheteurs ; ceux-là, comme ils font chaque jour des déménagements, connaissent les entrées et les sorties de toutes les maisons de la ville, et savent celles qui sont bonnes à un coup de main, et celles qui ne le sont pas.

— Tout cela me semble d'or, s'écria Rinconète, et je voudrais être de quelque utilité à une si fameuse confrérie.

— Toujours le Ciel favorise les bons désirs, » répondit Monipodio.

Au milieu de ce dialogue, on frappa à la porte. Monipodio alla voir qui c'était, et quand il eut demandé qui est là ? on lui répondit :

« Ouvrez, sieur[1] Monipodio, ouvrez ; je suis le Repolido. »

Cariharta entendit cette voix, et, poussant la sienne jusqu'au ciel :

« Ne lui ouvrez pas, s'écria-t-elle, seigneur Monipodio, n'ouvrez pas à ce matelot de la roche Tarpéienne, à ce tigre d'Ocaña[2]. »

---

1. *Sieur* est ici un diminutif de *seigneur*, pour rendre le mot espagnol *sor*, diminutif de *señor*.

2. Pour d'*Hircania*. Ocaña est une ville à quinze lieues de Madrid.

No dejó por esto Monipodio de abrir a Repolido; pero, viendo la Cariharta que le abría, se levantó corriendo y se entró en la sala de los broqueles, y, cerrando tras sí la puerta, desde dentro, a grandes voces decía:

-Quítenmele de delante a ese gesto de por demás, a ese verdugo de inocentes, asombrador de palomas duendas.

Maniferro y Chiquiznaque tenían a Repolido, que en todas maneras quería entrar donde la Cariharta estaba; pero, como no le dejaban, decía desde afuera:

-¡No haya más, enojada mía; por tu vida que te sosiegues, ansí te veas casada!

-¿Casada yo, malino? -respondió la Cariharta-. ¡Mirá en qué tecla toca! ¡Ya quisieras tú que lo fuera contigo, y antes lo sería yo con una sotomía de muerte que contigo!

-¡Ea, boba -replicó Repolido-, acabemos ya, que es tarde, y mire no se ensanche por verme hablar tan manso y venir tan rendido; porque, ¡vive el Dador!, si se me sube la cólera al campanario, que sea peor la recaída que la caída! Humíllese, y humillémonos todos, y no demos de comer al diablo.

-Y aun de cenar le daría yo -dijo la Cariharta-, porque te llevase donde nunca más mis ojos te viesen.

Monipodio n'en ouvrit pas moins au Repolido. Mais la Cariharta, voyant qu'on lui ouvrait, se leva bien vite, et se précipita dans la chambre aux boucliers. Fermant la porte sur elle, elle disait du dedans à grands cris :

« Qu'on emmène cette mine renfrognée, ce bourreau d'innocents, cet épouvantail de pigeons pattus. »

Maniferro et Chiquinazque tenaient le Repolido, qui voulait à toute force entrer auprès de la Cariharta. Comme on ne le lâchait point, il disait du dehors :

— Allons, que ce soit fini, ma dépitée ; par ta vie, calme-toi ; que ne puis-je te voir aussi bien mariée !

— Mariée, moi, malin ! répondit la Cariharta. Voyez un peu quelle corde il touche. Tu voudrais l'être avec moi, hein ? Eh bien ! je le serais plutôt avec un squelette de mort qu'avec toi.

— Allons, niaise, répliqua le Repolido, finissons-en, car il est tard ; prends garde de devenir trop fière en me voyant parler si doux et venir si humble, car, vive Dieu ! si la colère me monte au clocher, pire sera la rechute que la chute ! humilie-toi, et humilions-nous tous, et ne donnons pas à dîner au diable.

— Je lui donnerais même à souper, répondit la Cariharta, pour qu'il t'emporte où jamais mes yeux ne te revoient.

-¿No os digo yo? -dijo Repolido-. ¡Por Dios que voy oliendo, señora trinquete, que lo tengo de echar todo a doce, aunque nunca se venda!

A esto dijo Monipodio:

-En mi presencia no ha de haber demasías: la Cariharta saldrá, no por amenazas, sino por amor mío, y todo se hará bien; que las riñas entre los que bien se quieren son causa de mayor gusto cuando se hacen las paces. ¡Ah Juliana! ¡Ah niña! ¡Ah Cariharta mía! Sal acá fuera por mi amor, que yo haré que el Repolido te pida perdón de rodillas.

-Como él eso haga -dijo la Escalanta-, todas seremos en su favor y en rogar a Juliana salga acá fuera.

-Si esto ha de ir por vía de rendimiento que güela a menoscabo de la persona -dijo el Repolido-, no me rendiré a un ejército formado de esguízaros; mas si es por vía de que la Cariharta gusta dello, no digo yo hincarme de rodillas, pero un clavo me hincaré por la frente en su servicio.

Riyéronse desto Chiquiznaque y Maniferro, de lo cual se enojó tanto el Repolido, pensando que hacían burla dél, que dijo con muestras de infinita cólera:

— Ne l'avais-je pas dit ? reprit le Repolido. Par Dieu, je flaire et je me figure, madame Lit-de-Sangle, qu'il faut tout mettre an plus haut, dût-on ne rien vendre jamais.

— Holà ! s'écria Monipodio ; en ma présence, les choses ne doivent pas aller si loin. La Cariharta sortira, non par menaces, mais par amour pour moi, et tout s'arrangera pour le mieux. Les querelles entre gens qui s'aiment bien sont des occasions de plus grand plaisir, quand on fait la paix. Allons, Juliana, ma fille, ma Cariharta, sors ici dehors, par amour de moi ; je ferai en sorte que le Repolido te demande pardon à genoux.

— Ah ! s'il fait cela, s'écria la Escalanta, nous serons toutes de son côté, pour prier Juliana de sortir ici dehors.

— Si cela doit se faire par voie de soumission qui sente le déshonneur de la personne, dit le Repolido, je ne me soumettrais pas à une armée de Suisses ; mais si c'est par voie de faire plaisir à la Cariharta, je ne dis pas que je me mettrai à genoux, mais que je me planterai un clou dans le front pour son service.

À ce propos, Chiquinazque et Maniferro se mirent à rire, ce qui fâcha tellement le Repolido, en lui faisant croire qu'on se moquait de lui, qu'il s'écria, dans un transport de rage :

-Cualquiera que se riere o se pensare reír de lo que la Cariharta, o contra mí, o yo contra ella hemos dicho o dijéremos, digo que miente y mentirá todas las veces que se riere, o lo pensare, como ya he dicho.

Miráronse Chiquiznaque y Maniferro de tan mal garbo y talle, que advirtió Monipodio que pararía en un gran mal si no lo remediaba; y así, poniéndose luego en medio dellos, dijo:

-No pase más adelante, caballeros; cesen aquí palabras mayores, y desháganse entre los dientes; y, pues las que se han dicho no llegan a la cintura, nadie las tome por sí.

-Bien seguros estamos -respondió Chiquiznaque- que no se dijeron ni dirán semejantes monitorios por nosotros; que, si se hubiera imaginado que se decían, en manos estaba el pandero que lo supiera bien tañer.

-También tenemos acá pandero, sor Chiquiznaque -replicó el Repolido-, y también, si fuere menester, sabremos tocar los cascabeles, y ya he dicho que el que se huelga, miente; y quien otra cosa pensare, sígame, que con un palmo de espada menos hará el hombre que sea lo dicho dicho.

« Quiconque rira ou pensera rire de ce que la Cariharta contre moi, ou moi contre elle, nous avons dit ou dirons, je dis qu'il en a menti et qu'il en aura menti, autant de fois qu'il rira ou pensera rire. »

Chiquinazque et Maniferro se regardèrent avec des yeux si courroucés que Monipodio vit bien que la chose allait mal tourner, s'il n'y portait remède. Se jetant aussitôt au milieu d'eux, il s'écria :

— Halte-là, n'allez pas plus loin, gentilshommes ; qu'on cesse les gros mots, et qu'on les broie sous les dents, et puisque ceux qu'on a dits ne vont pas jusqu'à la ceinture, que personne ne les prenne pour soi.

— Nous sommes bien sûrs, répondit Chiquinazque, que ce n'est pas pour nous qu'on a dit et qu'on dira de semblables monitoires, car si l'on s'imaginait que c'est à nous qu'on les dit, le tambour de basque est en mains qui sauraient bien en jouer.

— Nous aussi, nous avons notre tambour de basque, sieur Chiquinazque, répliqua le Repolido, et, s'il en est besoin, nous saurons aussi jouer des grelots. Et j'ai déjà dit que celui qui se raille en a menti, et s'il pense autre chose, qu'il me suive ; avec une palme d'épée, l'homme fera que ce qui est dit soit dit.

Y, diciendo esto, se iba a salir por la puerta afuera. Estábalo escuchando la Cariharta, y, cuando sintió que se iba enojado, salió diciendo:

-¡Ténganle no se vaya, que hará de las suyas! ¿No veen que va enojado, y es un Judas Macarelo en esto de la valentía? ¡Vuelve acá, valentón del mundo y de mis ojos!

Y, cerrando con él, le asió fuertemente de la capa, y, acudiendo también Monipodio, le detuvieron. Chiquiznaque y Maniferro no sabían si enojarse o si no, y estuviéronse quedos esperando lo que Repolido haría; el cual, viéndose rogar de la Cariharta y de Monipodio, volvió diciendo:

-Nunca los amigos han de dar enojo a los amigos, ni hacer burla de los amigos, y más cuando veen que se enojan los amigos.

-No hay aquí amigo -respondió Maniferro- que quiera enojar ni hacer burla de otro amigo; y, pues todos somos amigos, dense las manos los amigos.

A esto dijo Monipodio:

-Todos voacedes han hablado como buenos amigos, y como tales amigos se den las manos de amigos.

En parlant ainsi, il s'avançait vers la porte de la rue. La Cariharta l'écoutait de son gîte, et voyant qu'il s'en allait furieux, elle sortit en criant :

« Tenez-le, tenez-le, qu'il ne s'en aille pas ; il va faire des siennes. Ne voyez- vous pas qu'il est fâché, et que c'est un Judas Maccharée en fait de bravoure ? Allons, reviens ici, bravache du monde et de mes yeux. »

Se jetant alors sur lui, elle le saisit fortement par le manteau, et Monipodio accourant aussi, ils parvinrent à l'arrêter. Chiquinazque et Maniferro ne savaient s'ils devaient ou non se fâcher, et ils se tinrent cois en attendant ce que ferait le Repolido. Celui-ci, se voyant prié par Monipodio et la Cariharta, revint en disant :

— Jamais les amis ne doivent fâcher les amis, ni se moquer des amis, surtout quand ils voient que cela fâche les amis.

— Il n'y a point ici, répondit Maniferro, d'ami qui veuille fâcher un ami, ni se moquer d'un ami, et puisque nous sommes tous amis, donnons-nous les mains en amis.

— Vous avez tous parlé comme de bons amis, dit Monipodio, et comme tels amis, donnez-vous les mains en amis.

Diéronselas luego, y la Escalanta, quitándose un chapín, comenzó a tañer en él como en un pandero; la Gananciosa tomó una escoba de palma nueva, que allí se halló acaso, y, rascándola, hizo un son que, aunque ronco y áspero, se concertaba con el del chapín. Monipodio rompió un plato y hizo dos tejoletas, que, puestas entre los dedos y repicadas con gran ligereza, llevaba el contrapunto al chapín y a la escoba.

Espantáronse Rinconete y Cortadillo de la nueva invención de la escoba, porque hasta entonces nunca la habían visto. Conociólo Maniferro y díjoles:

-¿Admíranse de la escoba? Pues bien hacen, pues música más presta y más sin pesadumbre, ni más barata, no se ha inventado en el mundo; y en verdad que oí decir el otro día a un estudiante que ni el Negrofeo, que sacó a la Arauz del infierno; ni el Marión, que subió sobre el delfín y salió del mar como si viniera caballero sobre una mula de alquiler; ni el otro gran músico que hizo una ciudad que tenía cien puertas y otros tantos postigos, nunca inventaron mejor género de música, tan fácil de deprender, tan mañera de tocar, tan sin trastes, clavijas ni cuerdas, y tan sin necesidad de templarse; y aun voto a tal, que dicen que la inventó un galán desta ciudad, que se pica de ser un Héctor en la música.

Ils obéirent aussitôt, et la Escalanta, s'ôtant une pantoufle, se mit à en jouer comme d'un tambour de basque. La Gananciosa prit un balai de jonc qui se trouvait là par hasard, et grattant les brins avec l'ongle, elle en tira un son qui, bien qu'âpre et sourd, se mariait harmonieusement avec celui de la pantoufle. Monipodio cassa une assiette, et fit deux palets qui, ajustés entre les doigts et frappés rapidement par les deux bouts, faisaient l'accompagnement de la pantoufle et du balai.

Rinconète et Cortadillo s'émerveillèrent de la nouvelle invention du balai, car jusqu'alors ils n'avaient rien vu de semblable. Monipodio s'en aperçut, et leur dit :

— Le balai vous étonne ? Eh bien ! vous avez raison d'être étonnés, car jamais musique plus commode, plus expéditive et moins coûteuse ne s'est inventée en ce monde. En vérité, j'ai ouï-dire l'autre jour à un étudiant que ni l'Orfèvre qui tira son Insipide de l'enfer, ni le Marion qui monta sur un dauphin et sortit de la mer comme s'il fût venu à cheval sur une mule de louage, ni cet autre grand musicien qui bâtit une ville qui avait cent portes et autant de poternes, n'inventèrent jamais un genre d'instrument aussi facile à déprendre, aussi commode à jouer, et qui eût moins de touches, de chevilles, de cordes, et moins besoin d'être accordé. Et même, vive Dieu ! on dit qu'il fut inventé par un galant de cette ville, qui se pique d'être un Hector en fait de musique.

-Eso creo yo muy bien -respondió Rinconete-, pero escuchemos lo que quieren cantar nuestros músicos, que parece que la Gananciosa ha escupido, señal de que quiere cantar.

Y así era la verdad, porque Monipodio le había rogado que cantase algunas seguidillas de las que se usaban; mas la que comenzó primero fue la Escalanta, y con voz sutil y quebradiza cantó lo siguiente:

> *Por un sevillano, rufo a lo valón,*
> *tengo socarrado todo el corazón.*

Siguió la Gananciosa cantando:

> *Por un morenico de color verde,*
> *¿cuál es la fogosa que no se pierde?*

Y luego Monipodio, dándose gran priesa al meneo de sus tejoletas, dijo:

> *Riñen dos amantes, hácese la paz:*
> *si el enojo es grande, es el gusto más.*

No quiso la Cariharta pasar su gusto en silencio, porque, tomando otro chapín, se metió en danza, y acompañó a las demás diciendo:

— Je le crois vraiment bien, répondit Rinconète ; mais écoutons un peu ce que vont chanter nos musiciens, car il parait que la Gananciosa crache ; c'est signe qu'elle vent chanter.

En effet, elle s'y préparait, parce que Monipodio l'avait priée de chanter quelques *seguidillas*, de celles qui étaient à la mode. Mais celle qui mit en train fut la Escalanta, laquelle commença d'une voix grêle et chétive :

> « *Pour un Sévillien, roux à la flamande,*
> *J'ai tout le cœur flambé.* »

La Gananciosa continua en chantant :

> « *Pour un petit brun de couleur verte,*
> *Quelle est la fougueuse qui ne se perd ?* »

Aussitôt Monipodio, se donnant grande hâte à remuer ses morceaux d'assiette, ajouta :

> « *Deux amants se querellent et font la paix ;*
> *Plus la fâcherie est grande, plus grand est le plaisir.* »

Alors la Cariharta ne voulut pas goûter son plaisir en silence ; elle empoigna une autre pantoufle, se mit dans la danse, et accompagna les autres en disant :

Detente, enojado, no me azotes más;

que si bien lo miras, a tus carnes das.

-Cántese a lo llano -dijo a esta sazón Repolido-, y no se toquen estorias pasadas, que no hay para qué: lo pasado sea pasado, y tómese otra vereda, y basta.

Talle llevaban de no acabar tan presto el comenzado cántico, si no sintieran que llamaban a la puerta apriesa; y con ella salió Monipodio a ver quién era, y la centinela le dijo cómo al cabo de la calle había asomado el alcalde de la justicia, y que delante dél venían el Tordillo y el Cernícalo, corchetes neutrales. Oyéronlo los de dentro, y alborotáronse todos de manera que la Cariharta y la Escalanta se calzaron sus chapines al revés, dejó la escoba la Gananciosa, Monipodio sus tejoletas, y quedó en turbado silencio toda la música, enmudeció Chiquiznaque, pasmóse Repolido y suspendióse Maniferro; y todos, cuál por una y cuál por otra parte, desaparecieron, subiéndose a las azoteas y tejados, para escaparse y pasar por ellos a otra calle. Nunca ha disparado arcabuz a deshora, ni trueno repentino espantó así a banda de descuidadas palomas,

« Arrête, courroucé, ne me rosse pas davantage ;

Car, si tu y regardes de près, tu frappes sur tes chairs. »

« Qu'on chante tout uniment, s'écria le Repolido, et qu'on ne joue pas d'histoires passées ; il n'y a pas de quoi. Que le passé soit passé, et qu'on prenne un autre chemin, et suffit. »

Ils faisaient mine de ne pas finir de sitôt le cantique commencé, quand ils entendirent frapper à la porte à coups redoublés. Monipodio courut voir qui c'était, et la sentinelle lui dit qu'au bout de la rue venait de paraître l'Alcalde de la justice criminelle, et que devant lui marchaient le Tordillo et le Cernicalo[1], deux recors neutres. Ceux du dedans entendirent le rapport, et furent tous pris d'une telle frayeur que la Cariharta et la Escalanta chaussèrent leurs pantoufles à l'envers. La Gananciosa jeta son balai, Monipodio ses castagnettes, et toute la musique se perdit dans un affreux silence. Chiquiznaque devint muet, le Repolido perdit la carte, et les cheveux dressèrent à Maniferro. Tous enfin, l'un d'un côté, l'autre d'un autre, s'enfuirent et disparurent, montant sur les toits et les terrasses pour s'échapper par une autre rue. Jamais coup d'arquebuse inattendu, ni coup de tonnerre soudain, n'épouvanta une troupe confiante de pigeons,

---

1. Gris-pommelé et Crécerelle.

como puso en alboroto y espanto a toda aquella recogida compañía y buena gente la nueva de la venida del alcalde de la justicia. Los dos novicios, Rinconete y Cortadillo, no sabían qué hacerse, y estuviéronse quedos, esperando ver en qué paraba aquella repentina borrasca, que no paró en más de volver la centinela a decir que el alcalde se había pasado de largo, sin dar muestra ni resabio de mala sospecha alguna.

Y, estando diciendo esto a Monipodio, llegó un caballero mozo a la puerta, vestido, como se suele decir, de barrio; Monipodio le entró consigo, y mandó llamar a Chiquiznaque, a Maniferro y al Repolido, y que de los demás no bajase alguno. Como se habían quedado en el patio, Rinconete y Cortadillo pudieron oír toda la plática que pasó Monipodio con el caballero recién venido, el cual dijo a Monipodio que por qué se había hecho tan mal lo que le había encomendado. Monipodio respondió que aún no sabía lo que se había hecho; pero que allí estaba el oficial a cuyo cargo estaba su negocio, y que él daría muy buena cuenta de sí.

Bajó en esto Chiquiznaque, y preguntóle Monipodio si había cum-plido con la obra que se le encomendó de la cuchillada de a catorce.

comme cette nouvelle de l'arrivée de l'Alcalde épouvanta et mit en désordre toute cette vertueuse compagnie de braves gens. Les deux novices, Rinconète et Cortadillo, ne savaient que faire, et se tinrent tranquilles, en attendant de quelle façon finirait ce subit orage, lequel finit tout simplement parle retour de la sentinelle, qui vint dire que l'Alcalde avait passé tout du long de la rue, sans donner la moindre marque d'aucun mauvais soupçon.

Tandis que Monipodio recevait cette nouvelle, un jeune gentilhomme s'approcha de la porte, en habits du matin. Monipodio le fit aussitôt entrer avec lui, et envoya chercher Chiquiznaque, Maniferro et le Repolido, en faisant dire aux autres que personne ne descendît. Comme Rinconète et Cortadillo étaient restés dans la cour, ils purent entendre toute la conversation qu'eurent Monipodio et le gentilhomme nouveau venu. Celui-ci demanda à Monipodio pourquoi l'on avait si mal fait ce qu'il lui avait tant recommandé. « Je ne sais pas encore ce qui s'est fait, répondit Monipodio ; mais celui du métier qui a été chargé de l'affaire est justement ici : il rendra bon compte de lui-même. »

Chiquiznaque descendit en ce moment, et Monipodio lui demanda s'il s'était acquitté de l'ouvrage qu'il lui avait commandé, la balafre à quatorze points[1].

---

1. Dans ce temps, où l'on recousait les lèvres d'une blessure, on en désignait l'étendue par le nombre de *points*.

-¿Cuál? -respondió Chiquiznaque-. ¿Es la de aquel mercader de la Encrucijada?

-Ésa es -dijo el caballero.

-Pues lo que en eso pasa -respondió Chiquiznaque- es que yo le aguardé anoche a la puerta de su casa, y él vino antes de la oración; lleguéme cerca dél, marquéle el rostro con la vista, y vi que le tenía tan pequeño que era imposible de toda imposibilidad caber en él cuchillada de catorce puntos; y, hallándome imposibilitado de poder cumplir lo prometido y de hacer lo que llevaba en mi destruición...

-Instrucción querrá vuesa merced decir -dijo el caballero-, que no destruición.

-Eso quise decir -respondió Chiquiznaque-. Digo que, viendo que en la estrecheza y poca cantidad de aquel rostro no cabían los puntos propuestos, porque no fuese mi ida en balde, di la cuchillada a un lacayo suyo, que a buen seguro que la pueden poner por mayor de marca.

-Más quisiera -dijo el caballero- que se la hubiera dado al amo una de a siete, que al criado la de a catorce. En efeto, conmigo no se ha cumplido como era razón, pero no importa; poca mella me harán los treinta ducados que dejé en señal. Beso a vuesas mercedes las manos.

— Laquelle ? répondit Chiquiznaqne. Est-ce celle de ce marchand du coin de rue ?

— Celle-là même, dit le gentilhomme.

— Eh bien ! voici ce qui en est, reprit Chiqniznaque : hier soir, je l'attendis devant la porte de sa maison : il vint un peu avant l'*angelus* ; je m'approchai de lui, et lui marquai le visage avec les yeux ; mais je vis qu'il avait la figure si petite qu'il était tout à fait impossible d'y faire tenir une balafre à quatorze points. Alors, me trouvant dans l'impossibilité de tenir ma promesse, et de faire ce qu'ordonnait ma destruction…

— C'est instruction que veut dire votre grâce, interrompit le gentilhomme, et non pas destruction.

— Oui, c'est ce que j'ai voulu dire, reprit Chiquiznaque ; je dis donc qu'en voyant que sur l'étroitesse et le peu d'ampleur de ce visage le nombre de points indiqués ne pouvait pas tenir, pour n'avoir pas fait la course en vain, je fis la balafre à son laquais, et certes, celle-là peut passer pour être de première classe.

— J'aurais mieux aimé, reprit le gentilhomme, que vous fissiez au maître une balafre à sept points qu'au domestique une à quatorze. Enfin, l'on n'a pas tenu ce qu'on avait promis ; mais n'importe, les trente ducats que j'ai donnés d'arrhes ne feront pas grande brèche à ma fortune. Je baise les mains à vos grâces.

Y, diciendo esto, se quitó el sombrero y volvió las espaldas para irse; pero Monipodio le asió de la capa de mezcla que traía puesta, diciéndole:

–Voacé se detenga y cumpla su palabra, pues nosotros hemos cumplido la nuestra con mucha honra y con mucha ventaja: veinte ducados faltan, y no ha de salir de aquí voacé sin darlos, o prendas que lo valgan.

–Pues, ¿a esto llama vuesa merced cumplimiento de palabra –respondió el caballero–: dar la cuchillada al mozo, habiéndose de dar al amo?

–¡Qué bien está en la cuenta el señor! –dijo Chiquiznaque–. Bien parece que no se acuerda de aquel refrán que dice: «Quien bien quiere a Beltrán, bien quiere a su can».

–¿Pues en qué modo puede venir aquí a propósito ese refrán? –re-plicó el caballero.

–¿Pues no es lo mismo –prosiguió Chiquiznaque– decir: «Quien mal quiere a Beltrán, mal quiere a su can»? Y así, Beltrán es el mercader, voacé le quiere mal, su lacayo es su can; y dando al can se da a Beltrán, y la deuda queda líquida y trae aparejada ejecución; por eso no hay más sino pagar luego sin apercebimiento de remate.

Cela dit, il ôta son chapeau, et tourna les talons pour s'en aller. Mais Monipodio l'empoigna par le manteau bariolé qu'il portait sur le dos.

— Que votre grâce s'arrête, lui dit-il, et tienne sa parole ; nous avons tenu la nôtre avec beaucoup d'honneur et beaucoup de profit. Il reste à payer vingt ducats, et votre grâce ne sortira pas d'ici sans les avoir donnés, ou des gages qui les vaillent.

— Comment donc ! reprit le gentilhomme, votre grâce appelle cela tenir sa promesse, faire la balafre au laquais, quand on devait la faire au maître ?

— Que le seigneur est bien an fait de la chose ! s'écria Chiquiznaque. On voit bien qu'il ne se souvient pas du proverbe qui dit : Qui aime bien Bastien, aime bien son chien.

— Et à quel propos peut venir ce proverbe ? répliqua le gentilhomme.

— Comment ! continua Chiquiznaque, n'est-ce pas la même chose que de dire : Qui aime mal Bastien, aime mal son chien. Or donc, Bastien c'est le marchand ; vous l'aimez mal ; son laquais est son chien ; en frappant sur le chien, on frappe sur Bastien ; la dette est liquidée, et exécutée convenablement. Dès lors, il n'y a plus qu'à payer sur-le-champ, sans ajournement de conclusion.

-Eso juro yo bien -añadió Monipodio-, y de la boca me quitaste, Chiquiznaque amigo, todo cuanto aquí has dicho; y así, voacé, señor galán, no se meta en puntillos con sus servidores y amigos, sino tome mi consejo y pague luego lo trabajado; y si fuere servido que se le dé otra al amo, de la cantidad que pueda llevar su rostro, haga cuenta que ya se la están curando.

-Como eso sea -respondió el galán-, de muy entera voluntad y gana pagaré la una y la otra por entero.

-No dude en esto -dijo Monipodio- más que en ser cristiano; que Chiquiznaque se la dará pintiparada, de manera que parezca que allí se le nació.

-Pues con esa seguridad y promesa -respondió el caballero-, recíbase esta cadena en prendas de los veinte ducados atrasados y de cuarenta que ofrezco por la venidera cuchillada. Pesa mil reales, y podría ser que se quedase rematada, porque traigo entre ojos que serán menester otros catorce puntos antes de mucho.

Quitóse, en esto, una cadena de vueltas menudas del cuello y diósela a Monipodio, que al color y al peso bien vio que no era de alquimia. Monipodio la recibió con

— C'est ce que je jure, pardieu ! ajouta Monipodio, et tu m'as ôté de la bouche, ami Chiquiznaque, tout ce que tu viens de dire. Ainsi donc, seigneur galant, que votre grâce ne se mette pas à vétiller avec ses serviteurs et amis. Prenez plutôt mon conseil, et payez d'emblée la besogne faite. Et s'il vous fait envie qu'on donne une autre estafilade au maître, du nombre de points que peut porter son visage, faites état qu'on lui panse déjà la blessure.

— Pourvu qu'il en soit ainsi, répondit le galant, je paierai de très bon cœur l'une et l'autre en entier.

— N'en doutez pas plus que d'être chrétien, répliqua Monipodio. Chiquiznaque lui fera la balafre si bien ajustée, qu'elle aura l'air de lui être venue de naissance.

— Eh bien donc, reprit le gentilhomme, sur cette promesse et sur cette assurance, recevez cette chaîne en gage des vingt ducats arriérés, et de quarante autres que j'offre pour la balafre future. Elle pèse mille réaux, et il se pourrait bien qu'elle restât ici tout entière, car je me figure qu'avant peu il sera besoin de quatorze autres points.

En même temps, il s'ôta du cou une longue chaîne à petits anneaux, et la remit à Monipodio, qui reconnut bien au poids et au toucher qu'elle n'était pas de similor. Monipodio la reçut avec

mucho contento y cortesía, porque era en estremo bien criado; la ejecución quedó a cargo de Chiquiznaque, que sólo tomó término de aquella noche. Fuese muy satisfecho el caballero, y luego Monipodio llamó a todos los ausentes y azorados. Bajaron todos, y, poniéndose Monipodio en medio dellos, sacó un libro de memoria que traía en la capilla de la capa y dióselo a Rinconete que leyese, porque él no sabía leer. Abrióle Rinconete, y en la primera hoja vio que decía:

MEMORIA DE LAS CUCHILLADAS

QUE SE HAN DE DAR ESTA SEMANA

La primera, al mercader de la encrucijada: vale cincuenta escudos. Están recebidos treinta a buena cuenta. Secutor, Chiquiznaque.

-No creo que hay otra, hijo -dijo Monipodio-; pasá adelante y mirá donde dice: *MEMORIA DE PALOS*.

Volvió la hoja Rinconete, y vio que en otra estaba escrito:

MEMORIA DE PALOS.

beaucoup de plaisir et de courtoisie, car il était parfaitement bien, élevé. L'exécution fut confiée à Chiquiznaque, qui ne prit d'autre délai que l'arrivée de la nuit. Le gentilhomme s'en alla fort satisfait, et Monipodio rappela aussitôt tous les confrères que la peur avait dispersés. Ils descendirent tous, et Monipodio, se plaçant au milieu d'eux, tira un livre de poche de la capuce de son manteau, puis le donna à Rinconète pour qu'il lût, car lui ne savait pas lire. Rinconète l'ouvrit, et il trouva ces mots à la première page :

« *MÉMOIRE DES BALAFRES*

À FAIRE CETTE SEMAINE.

La première, au marchand du coin de rue. Prix, cinquante écus ; trente ont été reçus à compte. Sécateur[1], Chiquiznaque. »

« Je crois qu'il n'y en a pas d'autres, mon fils, dit Monipodio ; va plus loin, et cherche où il est dit : *MÉMOIRE DES COUPS DE BÂTON.* »

Rinconète tourna le feuillet, et vit qu'à la page suivante, il était écrit :

MÉMOIRE DES COUPS DE BÂTON.

---

1. Pour exécuteur.

Y más abajo decía:

Al bodegonero de la Alfalfa, doce palos de mayor cuantía a escudo cada uno. Están dados a buena cuenta ocho. El término, seis días. Secutor, Maniferro.

-Bien podía borrarse esa partida -dijo Maniferro-, porque esta noche traeré finiquito della.

-¿Hay más, hijo? -dijo Monipodio.

-Sí, otra -respondió Rinconete-, que dice así:

Al sastre corcovado que por mal nombre se llama el Silguero, seis palos de mayor cuantía, a pedimiento de la dama que dejó la gargantilla. Secutor, el Desmochado.

-Maravillado estoy -dijo Monipodio- cómo todavía está esa partida en ser. Sin duda alguna debe de estar mal dispuesto el Desmochado, pues son dos días pasados del término y no ha dado puntada en esta obra.

-Yo le topé ayer -dijo Maniferro-, y me dijo que por haber estado retirado por enfermo el Corcovado no había cumplido con su débito.

On lisait au-dessous :

« *Au cabaretier de la LUZERNE, douze coups de bâton de première volée, à un écu pièce. Huit sont payés à compte. Six jours de terme. Sécuteur, Maniferro.* »

— On pourrait bien effacer cet article de compte, dit Maniferro, car cette nuit j'en apporterai quittance.

— Y a-t-il autre chose, mon fils ? demanda Monipodio.

— Oui, répondit Rinconète, voici une autre note :

« *Au tailleur bossu, qui s'appelle par sobriquet le Silguero[1], six coups de bâton de première volée, à la demande de la dame qui a laissé son collier en gages. Sécuteur, le Desmochado[2].* »

— Je suis étonné, s'écria Monipodio, que cet article soit encore à faire. Sans aucun doute, le Desmochado est indisposé, puisqu'il y a deux jours que le terme est échu, et qu'il n'a pas encore entamé la besogne.

— Je l'ai rencontré hier, dit Maniferro, et il m'a dit que ce qui l'avait empêché d'acquitter la dette, c'est que le bossu avait été retenu chez lui pour cause de maladie.

---

1. Ou *gilguero*, chardonneret.

2. Le mutilé, le raccourci.

-Eso creo yo bien -dijo Monipodio-, porque tengo por tan buen oficial al Desmochado, que, si no fuera por tan justo impedimento, ya él hubiera dado al cabo con mayores empresas. ¿Hay más, mocito?

-No señor -respondió Rinconete.

-Pues pasad adelante -dijo Monipodio-, y mirad donde dice: MEMORIAL DE AGRAVIOS COMUNES.

Pasó adelante Rinconete, y en otra hoja halló escrito:

MEMORIAL DE AGRAVIOS COMUNES.

Conviene a saber: redomazos, untos de miera, clavaron de sambenitos y cuernos, matracas, espantos, alborotos y cuchilladas fingidas, publicación de nieblas, etc.

-¿Qué dice más abajo? -dijo Monipodio.

-Dice -dijo Rinconete-: *Unto de miera en la casa...*

— Je n'en doute pas, reprit Monipodio, car je tiens le Desmochado pour si bon ouvrier, qu'à moins d'un si juste empêchement, il aurait mis à bout de plus grandes entreprises. Y a-t-il autre chose, garçon ?

— Non, seigneur, répondit Rinconète.

— Eh bien ! passez plus loin, reprit Monipodio, et voyez l'endroit où il est dit : MÉMORIAL D'OFFENSES COMMUNES. »

Rinconète chercha plus loin, et trouva sur une autre feuille :

« MÉMORIAL D'OFFENSES COMMUNES,

À savoir : coups de bouteille d'encre, taches de poix-résine, attaches de cornes et de san-benitos[1], huées, frayeurs, tapages, estocades simulées, publication de nibelles[2], etc. »

— Qu'y a-t-il d'écrit au-dessous ? demanda Monipodio.

— Il y a, reprit Rinconète : *Taches de poix-résine chez...*

---

1. Le *san-benito* est la casaque à flammes peintes dont on habillait les condamnés du saint-office.

2. Pour libelles.

-No se lea la casa, que ya yo sé dónde es -respondió Monipodio-, y yo soy el tuáutem y esecutor desa niñería, y están dados a buena cuenta cuatro escudos, y el principal es ocho.

-Así es la verdad -dijo Rinconete-, que todo eso está aquí escrito; y aun más abajo dice: *Clavazón de cuernos*.

-Tampoco se lea -dijo Monipodio- la casa, ni adónde; que basta que se les haga el agravio, sin que se diga en público; que es gran cargo de conciencia. A lo menos, más querría yo clavar cien cuernos y otros tantos sambenitos, como se me pagase mi trabajo, que decillo sola una vez, aunque fuese a la madre que me parió.

-El esecutor desto es -dijo Rinconete- el Narigueta.

-Ya está eso hecho y pagado -dijo Monipodio-. Mirad si hay más, que si mal no me acuerdo, ha de haber ahí un espanto de veinte escudos; está dada la mitad, y el esecutor es la comunidad toda, y el término es todo el mes en que estamos; y cumpliráse al pie de la letra, sin que falte una tilde, y será una de las mejores cosas que hayan sucedido en esta ciudad de muchos tiempos a esta parte.

— Ne lisez pas l'adresse, s'écria Monipodio, je sais bien où c'est, et d'ailleurs, c'est moi qui suis le *tuautem* et l'exécuteur de cet enfantillage. On a déjà donné à compte quatre écus, et le total est de huit.

— Justement, reprit Rinconète, tout cela s'y trouve écrit. Un peu plus bas il y a : *Attaches de cornes…*

— Ne lisez pas non plus, dit Monipodio, ni le nom, ni l'adresse. C'est assez de leur faire l'outrage, sans le révéler en public ; il y aurait à cela remords de conscience. Du moins, j'aimerais mieux clouer aux portes cent cornes et autant de *san-benitos*, pourvu qu'on me payât mon travail, que de le dire une seule fois, fût-ce à la mère qui m'a mis au monde.

— L'exécuteur de ceci, reprit Rinconète, est le Narigueta[1].

— C'est déjà fait et payé, dit Monipodio : voyez s'il reste quelque autre chose ; car, si j'ai bonne mémoire, il doit y avoir par là une frayeur de vingt écus. La moitié est déjà comptée, et l'exécuteur, ce sera toute la communauté ; et le terme tout le mois où nous sommes ; et la chose se fera au pied de la lettre, sans qu'il y manque une panse d'a, et ce sera une des plus belles choses qui soient depuis longtemps arrivées dans cette ville.

---

1. Le camus.

Dadme el libro, mancebo, que yo sé que no hay más, y sé también que anda muy flaco el oficio; pero tras este tiempo vendrá otro y habrá que hacer más de lo que quisiéremos; que no se mueve la hoja sin la voluntad de Dios, y no hemos de hacer nosotros que se vengue nadie por fuerza; cuanto más, que cada uno en su causa suele ser valiente y no quiere pagar las hechuras de la obra que él se puede hacer por sus manos.

-Así es -dijo a esto el Repolido-. Pero mire vuesa merced, señor Monipodio, lo que nos ordena y manda, que se va haciendo tarde y va entrando el calor más que de paso.

-Lo que se ha de hacer -respondió Monipodio- es que todos se vayan a sus puestos, y nadie se mude hasta el domingo, que nos juntaremos en este mismo lugar y se repartirá todo lo que hubiere caído, sin agraviar a nadie. A Rinconete el Bueno y a Cortadillo se les da por distrito, hasta el domingo, desde la Torre del Oro, por defuera de la ciudad, hasta el postigo del Alcázar, donde se puede trabajar a sentadillas con sus flores; que yo he visto a otros, de menos habilidad que ellos, salir cada día con más de veinte reales en menudos,

Rendez-moi le livre, garçon, je sais qu'il n'y a rien de plus. Je sais aussi que le métier va bien doucement : mais, après ce temps, il en viendra un autre, et nous aurons à faire plus que nous ne voudrons. La feuille d'arbre ne remue pas sans la volonté de Dieu, et nous ne pouvons pas faire que personne se venge par force. D'ailleurs, chacun a l'habitude d'être brave dans sa propre cause, et l'on n'aime pas à payer la façon de son ouvrage quand on peut le faire de ses propres mains.

— Cela est vrai, dit alors le Repolido. Mais voyez un peu, seigneur Monipodio, ce que votre grâce peut avoir à nous ordonner, car il se fait tard, et le chaud vient plus vite qu'au pas.

— Ce qu'il y a à faire, dit Monipodio, c'est que tout le monde s'en aille, chacun à son poste, et que personne n'en change jusqu'à dimanche. Nous nous réunirons en ce même endroit, et l'on fera la distribution de tout ce qui sera tombé, sans faire tort à personne. À Rinconète-le-Bon, et à Cortadillo, il leur est donné pour district, jusqu'à dimanche, depuis la tour de l'Or, en dehors de la ville, jusqu'à la poterne de l'Alcazar. Là, on peut travailler, à cheval sur un banc, avec ses fines fleurs[1]. J'en ai vu d'autres, beaucoup moins habiles qu'eux, revenir chaque jour avec plus de vingt réaux en monnaie,

---

1. Tromper au jeu.

amén de la plata, con una baraja sola, y ésa con cuatro naipes menos. Este districto os enseñará Ganchoso; y, aunque os estendáis hasta San Sebastián y San Telmo, importa poco, puesto que es justicia mera mista que nadie se entre en pertenencia de nadie.

Besáronle la mano los dos por la merced que se les hacía, y ofreciéronse a hacer su oficio bien y fielmente, con toda diligencia y recato.

Sacó, en esto, Monipodio un papel doblado de la capilla de la capa, donde estaba la lista de los cofrades, y dijo a Rinconete que pusiese allí su nombre y el de Cortadillo; mas, porque no había tintero, le dio el papel para que lo llevase, y en el primer boticario los escribiese, poniendo: Rinconete y Cortadillo, cofrades: noviciado, ninguno; Rinconete, floreo; Cortadillo, bajón»; y el día, mes y año, callando padres y patria.

Estando en esto, entró uno de los viejos avispones y dijo:

sans compter l'argent, n'ayant qu'un seul jeu de cartes, et qui avait même quatre cartes de moins. Ganchoso vous enseignera ce district, et quand même vous vous étendriez jusqu'à San-Sebastian et Santelmo, peu importe, bien qu'il soit de bonne justice que personne n'entre dans le domaine de personne.

Les deux jeunes gens lui baisèrent la main pour le remercier de la grâce qu'il leur accordait, et promirent de faire leur métier bien et fidèlement, avec toute diligence et toute précaution.

Monipodio tira de la capuce de son manteau un papier plié où se trouvait la liste des confrères, et dit à Rinconète d'y inscrire son nom et celui de Cortadillo. Mais comme il n'y avait pas d'écritoire, il lui donna le papier à emporter, pour qu'il ecrivît chez le premier apothicaire venu : « Rinconète et Cortadillo, confrères ; aucun noviciat ; Rinconète fleuriste[1], Cortadillo basson[2] » ; le jour, le mois et l'année, sans dire les parents et le pays.

Sur ces entrefaites, entra un des vieux *frélons* qui dit :

---

1. Escroc au jeu.

2. Filou, coupeur de bourses.

-Vengo a decir a vuesas mercedes cómo agora, agora, topé en Gradas a Lobillo el de Málaga, y díceme que viene mejorado en su arte de tal manera, que con naipe limpio quitará el dinero al mismo Satanás; y que por venir maltratado no viene luego a registrarse y a dar la sólita obediencia; pero que el domingo será aquí sin falta.

-Siempre se me asentó a mí -dijo Monipodio- que este Lobillo había de ser único en su arte, porque tiene las mejores y más acomodadas manos para ello que se pueden desear; que, para ser uno buen oficial en su oficio, tanto ha menester los buenos instrumentos con que le ejercita, como el ingenio con que le aprende.

-También topé -dijo el viejo- en una casa de posadas, en la calle de Tintores, al Judío, en hábito de clérigo, que se ha ido a posar allí por tener noticia que dos peruleros viven en la misma casa, y querría ver si pudiese trabar juego con ellos, aunque fuese de poca cantidad, que de allí podría venir a mucha. Dice también que el domingo no faltará de la junta y dará cuenta de su persona.

— Je viens dire à vos grâces que j'ai rencontré tout à l'heure sur les degrés Lobillo[1] de Malaga. Il m'a dit qu'il a fait tant de progrès dans son art qu'avec des cartes propres et nettes, il chipera l'argent à Satan lui-même. S'il n'est pas venu tout de suite passer à la visite et faire comme de coutume acte d'obéissance, c'est qu'il est tout déguenillé ; mais dimanche il sera sans faute ici.

— Je m'étais toujours fourré dans la tête, dit Monipodio, que ce Lobillo deviendrait unique en son art, car il a les meilleures mains et les plus propres à la besogne qui se puissent désirer ; et pour devenir bon ouvrier dans son état, on n'a pas moins besoin de bons instruments pour l'exercer que d'un bon esprit pour l'apprendre.

— J'ai aussi rencontré, reprit le vieux, dans un logis d'auberge de la rue de Tintorès, le Juif, en habit de prêtre, qui s'est allé loger là parce qu'il a eu connaissance que deux Péruviens[2] demeurent dans la même maison ; il voudrait voir si l'on peut entamer une partie avec eux, ne fût-ce qu'à petite ponte, parce qu'on pourrait de là passer à gros jeux. Il dit aussi que dimanche il ne manquera pas de paraître à l'assemblée, et qu'il rendra compte de sa personne.

---

1. Louveteau.

2. *Peruleros* ; on appelait ainsi les commerçants qui s'étaient enrichis en Amérique.

-Ese Judío también -dijo Monipodio- es gran sacre y tiene gran conocimiento. Días ha que no le he visto, y no lo hace bien. Pues a fe que si no se enmienda, que yo le deshaga la corona; que no tiene más órdenes el ladrón que las tiene el turco, ni sabe más latín que mi madre. ¿Hay más de nuevo?

-No -dijo el viejo-; a lo menos que yo sepa.

-Pues sea en buen hora -dijo Monipodio-. Voacedes tomen esta miseria -y repartió entre todos hasta cuarenta reales-, y el domingo no falte nadie, que no faltará nada de lo corrido.

Todos le volvieron las gracias. Tornáronse a abrazar Repolido y la Cariharta, la Escalanta con Maniferro y la Gananciosa con Chiquiznaque, concertando que aquella noche, después de haber alzado de obra en la casa, se viesen en la de la Pipota, donde también dijo que iría Monipodio, al registro de la canasta de colar, y que luego había de ir a cumplir y borrar la partida de la miera. Abrazó a Rinconete y a Cortadillo, y, echándolos su bendición, los despidió, encargándoles que no tuviesen jamás posada cierta ni de asiento,

— Le Juif aussi, dit Monipodio, est un grand faucon, et possède de grandes connaissances ; mais il y a longtemps que je ne l'ai vu : c'est mal à lui. Pardieu, s'il ne se corrige, je lui ôterai sa couronne[1], car il n'a pas plus reçu d'ordres sacrés, le voleur, que n'en a reçu le Grand-Turc, et il ne sait pas plus de latin que ma mère. Y a-t-il quelque autre chose de nouveau ?

— Non, répondit le vieillard, du moins que je sache.

— Eh bien ! à la bonne heure, reprit Monipodio ; prenez, vous autres, cette misère — et il répartit entre tous une quarantaine de réaux. — Que personne ne manque dimanche, ajouta-t-il ; rien ne manquera du butin.

Tout le monde lui rendit grâce. Le Repolido et la Cariharta se prirent bras dessus, bras dessous ; ainsi que la Escalanta avec Maniferro, et la Gananciosa avec Chiquiznaque, en convenant que cette nuit, après avoir fait l'ouvrage de la maison, ils se verraient tous chez la Pipota, où Monipodio dit aussi qu'il irait pour l'inventaire du panier à lessive, avant d'aller expédier l'article de poix-résine. Il embrassa Rinconète et Cortadillo, et leur ayant donné sa bénédiction, il les congédia, en leur recommandant de n'avoir jamais de logis connu, ni de demeure fixe,

---

1. Sa tonsure.

porque así convenía a la salud de todos. Acompañólos Ganchoso hasta enseñarles sus puestos, acordándoles que no faltasen el domingo, porque, a lo que creía y pensaba, Monipodio había de leer una lición de posición acerca de las cosas concernientes a su arte. Con esto, se fue, dejando a los dos compañeros admirados de lo que habían visto.

Era Rinconete, aunque muchacho, de muy buen entendimiento, y tenía un buen natural; y, como había andado con su padre en el ejercicio de las bulas, sabía algo de buen lenguaje, y dábale gran risa pensar en los vocablos que había oído a Monipodio y a los demás de su compañía y bendita comunidad, y más cuando por decir per modum sufragii había dicho per modo de naufragio; y que sacaban el estupendo, por decir estipendio, de lo que se garbeaba; y cuando la Cariharta dijo que era Repolido como un marinero de Tarpeya y un tigre de Ocaña, por decir Hircania, con otras mil impertinencias (especialmente le cayó en gracia cuando dijo que el trabajo que había pasado en ganar los veinte y cuatro reales lo recibiese el cielo en descuento de sus pecados) a éstas y a otras peores semejantes; y, sobre todo, le admiraba la seguridad que tenían y la confianza de irse al cielo con no faltar a sus devociones, estando tan llenos de hurtos, y de homicidios y de ofensas a Dios.

parce que cette précaution importait au salut de tous. Ganchuelo les accompagna pour leur montrer leurs postes, et les fit souvenir qu'ils ne manquassent pas la réunion du dimanche ; car, à ce qu'il croyait, Monipodio devait lire une leçon de concours sur les choses relatives à leur état. Sur cela, il s'en alla, laissant les deux camarades bien étonnés de ce qu'ils avaient vu.

Quoique fort jeune, Rinconète avait l'intelligence développée, et de plus, un bon naturel. Comme il avait souvent accompagné son père dans le métier de la vente des bulles, il savait un peu de beau langage, et se mourait de rire, rien qu'en pensant aux expressions dont il avait entendu se servir Monipodio et les autres confrères de la sainte communauté : par exemple, lorsque, pour dire *per modum suffragii*, il avait dit *par manière de naufrage*, ou bien quand la Cariharta dit que le Repolido était comme un matelot de la roche Tarpéienne, ou un tigre d'Ocana, pour dire d'Hircania, ainsi que mille autres impertinences. Ce qu'il trouva surtout charmant, ce fut de lui entendre dire que le Ciel voulût bien prendre, à valoir sur ses péchés, la peine qu'elle avait eue à gagner les vingt-quatre réaux. Ce qui l'étonnait plus encore, c'était la sécurité de ces gens, et la confiance qu'ils avaient d'aller au ciel en ne manquant point à leurs dévotions, tandis qu'ils étaient si souillés de vols, d'homicides et d'offenses à Dieu ;

Y reíase de la otra buena vieja de la Pipota, que dejaba la canasta de colar hurtada, guardada en su casa y se iba a poner las candelillas de cera a las imágenes, y con ello pensaba irse al cielo calzada y vestida. No menos le suspendía la obediencia y respeto que todos tenían a Monipodio, siendo un hombre bárbaro, rústico y desalmado. Consideraba lo que había leído en su libro de memoria y los ejercicios en que todos se ocupaban. Finalmente, exageraba cuán descuidada justicia había en aquella tan famosa ciudad de Sevilla, pues casi al descubierto vivía en ella gente tan perniciosa y tan contraria a la misma naturaleza; y propuso en sí de aconsejar a su compañero no durasen mucho en aquella vida tan perdida y tan mala, tan inquieta, y tan libre y disoluta. Pero, con todo esto, llevado de sus pocos años y de su poca esperiencia, pasó con ella adelante algunos meses, en los cuales le sucedieron cosas que piden más luenga escritura; y así, se deja para otra ocasión contar su vida y milagros, con los de su maestro Monipodio, y otros sucesos de aquéllos de la infame academia, que todos serán de grande consideración y que podrán servir de ejemplo y aviso a los que las leyeren.

c'était de les voir rire de cette autre bonne vieille de Pipota, qui laissait bien caché dans sa maison le panier de lessive qu'on avait volé, et s'en allait allumer des cierges aux saintes images, croyant ainsi gagner le paradis toute vêtue et toute chaussée. Rinconète n'était pas moins surpris de l'obéissance et du respect que tous ces gens gardaient à Monipodio, lequel n'était qu'un être grossier, barbare et dénaturé ; il considérait ce qu'il avait lu dans le livre de poche, et les métiers où s'occupait toute cette bande ; finalement, il déplorait combien la justice était aveugle et négligente dans cette fameuse cité de Séville, puisqu'il y demeurait, presque à découvert, des gens si pernicieux, si contraires à la nature même. Il se proposa, au fond du cœur, d'éclairer son camarade par ses conseils, et de ne pas mener longtemps cette vie si honteuse, si souillée, si inquiète et si dissolue. Toutefois, entraîné par sa grande jeunesse et son peu d'expérience, il s'y abandonna quelques mois, pendant lesquels il lui arriva des choses qui demandent un plus long récit. On remet donc à une autre occasion pour écrire l'histoire de sa vie et de ses miracles, avec ceux de son maître Monipodio, et d'autres aventures arrivées aux membres de cette infâme académie, qui seront toutes d'un grand intérêt, et qui pourront servir d'exemple à ceux qui les liront avec fruit.

Fin

Fin

DANS LA MÊME ÉDITION BILINGUE + AUDIO INTÉGRÉ :

- CORNÉLIA (Miguel de Cervantès)	*espagnol-français*
- WUTHERING HEIGHTS (Emily Brontë)	*anglais-français*
- LE PORTRAIT DE DORIAN GRAY (Oscar Wilde)	*anglais-français*
- LE FANTÔME DE CANTERVILLE (Oscar Wilde)	*anglais-français*
- L'ÎLE AU TRÉSOR (R. L. Stevenson)	*anglais-français*
- L'ÉTRANGE CAS DE DR JEKYLL ET M. HYDE (Stevenson)	*anglais-français*
- LE NOMMÉ JEUDI (G.K. Chesterton)	*anglais-français*
- LE TOUR D'ÉCROU (Henry James)	*anglais-français*
- LES PAPIERS D'ASPERN (Henry James)	*anglais-français*
- LA MACHINE À EXPLORER LE TEMPS (H.G. Wells)	*anglais-français*
- LE LIVRE DE LA JUNGLE (Rudyard Kipling)	*anglais-français*
- JOHN BARLEYCORN (Jack London)	*anglais-français*
- LES VAGABONDS DU RAIL (Jack London)	*anglais-français*
- LE PAPIER PEINT JAUNE (Charlotte Perkins Gilman)	*anglais-français*

- WALDEN, OU LA VIE DANS LES BOIS (Thoreau) — *anglais-français*
- LA DÉSOBÉISSANCE CIVILE (Thoreau) — *anglais-français*
- MA VIE, MON ŒUVRE (Henry Ford) — *anglais-français*
- MA VIE D'ESCLAVE AMÉRICAIN (Frederick Douglass) — *anglais-français*
- LA FILLE DE RAPPACCINI (Nathaniel Hawthorne) — *anglais-français*
- LE LIVRE DES MERVEILLES (Nathaniel Hawthorne) — *anglais-français*
- RASSELAS, PRINCE D'ABYSSINIE (Samuel Johnson) — *anglais-français*
- HAMLET (William Shakespeare) — *anglais-français*
- OTHELLO (William Shakespeare) — *anglais-français*
- ROMÉO ET JULIETTE (William Shakespeare) — *anglais-français*
- LE JOUEUR D'ÉCHECS (Stefan Zweig) — *allemand-français*
- LE BOUQUINISTE MENDEL (Stefan Zweig) — *allemand-français*
- LES CAHIERS DE MALTE LAURIDS BRIGGE (R.M. Rilke) — *allemand-français*
- LES SOUFFRANCES DU JEUNE WERTHER (J.W. Goethe) — *allemand-français*
- CONTES CHOISIS (Frères Grimm) — *allemand-français*
- CONTES (H.C. Andersen) — *danois-français*
- ALICE AU PAYS DES MERVEILLES (Lewis Carroll) — *espéranto-français*
- LA SAGA DE NJAL (Anonyme) — *islandais-français*
- LE PRINCE (Nicolas Machiavel) — *italien-français*
- LES AVENTURES DE PINOCCHIO (Carlo Collodi) — *italien-français*
- MAX HAVELAAR (Multatuli) — *néerlandais-français*
- LE PETIT JOHANNES (Frederik van Eeden) — *néerlandais-français*
- UNE MAISON DE POUPÉE (Henrik Ibsen) — *norvégien-français*
- BARTEK VAINQUEUR (Henryk Sienkiewicz) — *polonais-français*
- MÉMOIRES POSTHUMES DE BRÁS CUBAS (M. de Assis) — *portugais-français*
- LE PORTRAIT (Nicolas Gogol) — *russe-français*
- LA FILLE DU CAPITAINE (Alexandre Pouchkine) — *russe-français*
- LA DAME DE PIQUE (Alexandre Pouchkine) — *russe-français*
- NIETOTCHKA NEZVANOVA (Fiodor Dostoïevski) — *russe-français*
- NOUS AUTRES (Ievgueni Zamiatine) — *russe-français*
- LA MÈRE (Maxime Gorki) — *russe-français*

Impression CreateSpace
à Charleston SC, en mars 2018.

Imprimé aux États-Unis.

L'ACCOLADE
Éditions

Découvrez l'ensemble de nos ouvrages
sur notre site :

www.laccolade-editions.com

www.ingramcontent.com/pod-product-compliance
Lightning Source LLC
LaVergne TN
LVHW011332080426
835513LV00006B/306